培养好孩子　离不开好家教

好家教
培养好孩子

HAOJIAJIAO PEIYANG HAOHAIZI

车广秀　著

内蒙古科学技术出版社

图书在版编目（CIP）数据

好家教培养好孩子 / 车广秀著. — 赤峰 : 内蒙古
科学技术出版社, 2018.4
ISBN 978-7-5380-2904-8

Ⅰ.①好… Ⅱ.①车… Ⅲ.①家庭教育 Ⅳ.①G78

中国版本图书馆CIP数据核字（2018）第001538号

好家教培养好孩子

著　　者：车广秀
责任编辑：张继武
封面设计：李　莹
出版发行：内蒙古科学技术出版社
地　　址：赤峰市红山区哈达街南一段4号
网　　址：www.nm-kj.cn
邮购电话：0476-8227078
印　　刷：三河市冀华印务有限公司
字　　数：243千
开　　本：710mm×1000mm　1/16
印　　张：16.75
版　　次：2018年4月第1版
印　　次：2018年5月第1次印刷
书　　号：ISBN 978-7-5380-2904-8
定　　价：45.00元

如出现印装质量问题, 请与我社联系。电话: 0476-8237455　8225264

Contents | 目录

第一篇　听听孩子心碎的声音

第四篇　做父母的最高境界

第一篇　听听孩子心碎的声音

听听孩子心碎的声音

没经历过的人很难想象，生身母亲能用最恶毒、最能摧垮人意志的方式辱骂自己的女儿。女儿上小学时就想着要死，遗言是不许妈妈哭！

家庭是孩子成长的摇篮，父母是孩子终身的老师。因其在孩子成长过程中的不可替代性和无法选择性，幸运的孩子可以在父慈母爱、和睦温馨的家庭中快乐成长，而那些遭遇人格失调、品行不良的父母的孩子却被迫在极端压抑痛苦的家庭中艰难成长。尤其可怕的是：这些父母都把孩子弄得遍体鳞伤，孩子对他们恨之入骨，他们不但自我感觉超好，还扬扬得意地滥施父母权威，对孩子索求无度。

下面是一些受尽不良父母荼毒的孩子在我博客中发出的心碎的声音，我把这些充满愤怒的帖子整理出来，是想提醒家长："别以为你是父母，孩子就会无条件地孝敬你、尊重你。好家长需要学习，需要具备让孩子们心悦诚服的品格与魅力。"

控诉一：我出生在农村，父母于20世纪80年代初结婚，家里穷得揭不开锅，加上父亲不怎么努力，父母之间的争吵没完没了，弱小的我也沦为他们的出气筒。到现在我还清楚地记得，从小学一年级到六年级，我大概挨了一千多次打，最多时一天被打三四次。当时，我一点反抗的念头都没有，也没想过报复，只是默默地忍受着。为了逃离无情的命运，上初中开始，我就在寻找一条逃离家庭之路。日复一日，我终于找到了这条路，就是读书！在我周围有很多比我聪明、富有的孩子，他们一个一个被我超越。从初中到高中，从高中到大学，从大学到现在的博士，我一级一级往上爬，同时也在一步步远离我那个家。如今，父母已经不敢再动我了，但这种自由真的很可悲，我现在依然非常迷茫。原来，一个开朗的孩子是可以被打趴下的，自信及自尊是可以被打没的。先不管那么多了，好好经营自己！毕竟自己好不容易才爬起来。但愿每位父母对孩子都多一分善待！

清风

点评：我理解清风心中的迷茫。父母无休止的暴力，已经将恐惧、自卑及焦虑的种子根植在她心中，如影随形。高等教育可以帮她逃离家庭和父母的掌控，赢得经济上的独立，但很难治愈她内心的伤疤。她注定要比同龄人付出更多的气力、花费更多的时间修复被父母扭曲的人格与自尊。

父母是否明白，打骂孩子是违法的？父母打掉的不仅是孩子对父母的感情，还有孩子的安全感与自信心。我想提醒大家：把弱小的孩子当作出气筒的父母是无能的，也是人格有缺陷的。

控诉二：记忆里，童年惊惶不安，炸雷随时会在耳边响起。没经历过的人很难想象，生身母亲能用最恶毒、最能摧垮人意志的方式辱骂自己的女儿。女儿上小学时就想着要死，遗言是不许妈妈哭！因为那太虚伪了。工作能力及学历、资历我都有，但找老公时非要找一个条件比自己差很多的，因为不相信条件好的男人能喜欢自己；工作中对人过于忍让，领导认为我性格软弱，不能委以重任。

性格是打小培养起来的，因为母亲，即使我现在有老公，有可爱善良的女儿，内心深处依然自轻、自卑、自贱，找不到幸福。我想尽力做个好妈妈，偶尔歇斯底里时，也会惊觉自己有着和母亲一样的嘴脸。往事不可能不留下印记，我会主动反省和克制。但是，娘家人至今对我金钱上的索取无度，让我很矛盾也很纠结。总之，母亲给了我生命，我一点也不感激。现在她老了，我看着那张肥胖的脸，心里充满厌恶和反感。厌恶她的愚蠢，不原谅她的恶毒，估计到死，我心里的疙瘩也不可能解开，可能是我上辈子欠他们的吧。

173eg

点评：美国杰出的心理医生 M. 斯科特·派克在他所著的《少有人走的路》中指出："在年幼的孩子心中，父母就像上帝那样位高权重，孩子缺乏其他的模仿对象，自然把父母处理问题的办法全盘接受下来，并视为金科玉律。父母懂得自律、自制和自尊，生活井然有序，孩子就会心领神会，并奉之为最高准则；父母的生活混乱不堪，任意妄为，孩子们同样照单全收，并视为不二法门。"这话值得太多的家长警醒。

因为孩子爱模仿的天性，因为家庭教育潜移默化的影响，很多人不由自主地延续着父母的性格，复制着父母跟家人相处的模式。所以，看到这个女子对父母发自内心的厌恶，以及惊觉自己有着和母亲一样的嘴脸时的惶然，我心疼且无言。特别希望她通过反省和调控，能纠正自己的人格偏差，让自己的孩子可以摆脱梦魇，快乐成长。

控诉三：想不到和我有着相同经历的人这么多。我也是被我妈打大的，每天都在骂声中度过。从小就非常恨我妈，对于自己的女儿，那么恶毒的话竟然可以说出口。为了快点离开这个家，我很早就结婚，然后离婚。还好离婚时没有小孩，很快又再婚了。因为种种原因，爸妈现在和我住在一起，帮我做家务、带小孩以便我能安心工作。但我发现这是个错误，岁月并没有改变我妈的脾气，每天我和儿子都在她尖刻的辱骂声中度过。每当那些难听的话语在耳畔响起时，我都非常恨她。我儿子有天居然说："要是换个姥姥该多好啊！"他还那么小，也要承受我小时候所承受的东西。好矛盾，我想过让父母离开，自己照顾家人和儿子，可他们肯定会认为我不孝，但继续这样下去，我肯定会崩溃，更担心的是对儿子造成的不良影响。我该怎么做啊？

新浪网友

点评：别为了所谓的孝心，让人格失调的父母继续伤害你，甚至殃及无辜的孩子。孩子是有样学样的，不良父母贻害三代人。为了孩子的性格和长远的发展，赶快请你的父母回自家去安度晚年。你需要努力挣脱父母的阴影，变得自强和自信，更需花费时间和精力去教会孩子自爱与爱人。

如果不是忍无可忍，哪个孩子愿意直言父母之过？而且，我绝对相信，上述帖子反映的不良父母只是冰山一角，现实生活中，比他们更恶劣、更令人发指的父母还有很多。

高尔基曾经说过："单单是爱孩子们，母鸡也会这样做。可是，要善于教养他们，却是一项伟大的事业。从事于这种事业，必须具有相当的才能，必须具备广博的知识。"

我认为，当好父母所具备的相当的才能和广博的知识，必须通过持续的学习和训练才能获得。为了孩子的健康成长，让我们努力学习，努力提升自己，在严格的自律和反省中追求心智的成熟，这样才有能力赋予孩子完满而充沛的爱。

小三姐姐，求求你放过我爸爸

> 杏姐姐：以后你也会生孩子的，你希望你的孩子有这样的爸爸，有这样不幸的家吗？当你打电话到我家，那样嚣张地骂我妈时，你知道我心里有多恨你吗？

下面这封信是一个叫源源的孩子写给他爸爸的小三杏女士的。源源正读小学六年级，面临小升初考试。他之所以把杏叫姐姐，是因为杏很年轻，阿姨之类的称呼他实在叫不出口。他把这封信转投给我，希望我能帮帮他爸爸，救救他的家。

这封信我看得很心痛，不知道能帮到他多少。但特别希望为人父母者能听听这个孩子心碎的呐喊，正在充当小三的女人也能意识到，自己的不智之爱会带给一个家庭近乎毁灭性的伤害……

杏姐姐：

给你写这封信，我很难过！我曾经有一段非常幸福的童年，有一个温暖的家，因为你的出现，这一切全变了。

我真的无法理解，你只比我大 12 岁，为什么要死死缠着我爸爸？是因为我们家有房有车，还是因为我爸爸哄骗你，说他有钱，愿意带你去买衣服？你知道吗？爸爸的钱里面有一半是妈妈的心血。

妈妈是个坚强善良的女人，为了支持爸爸的事业，她任劳任怨操持整个家，无微不至地照顾我，陪爸爸一道走过很多难关。大人们都说：爸爸有今天的事业，离不开妈妈的支持与帮助。她为我和爸爸付出了太多太多，还因此患上了胃溃疡，心脏也经常无故地痛。就是这样善良又坚强的妈妈，却因为你，每天晚上都背着我流泪；曾经漂亮的面容一天比一天憔悴；每天给我做好饭，自己却吞不下一粒米。

杏姐姐，我求求你离开我爸爸。因为你，爸爸经常借故不回家，偶尔回到家，也已经是三更半夜，浑身酒气的他不管再晚都会变着法子把我和妈妈闹醒，让我起来学习，说要辅导我作业。妈妈阻止他，他就会对妈妈大打出手，有一次竟然把妈妈的头发揪掉了一大把。妈妈的哀号声连邻居大伯都听不下去了，连夜敲门来我家喝止他。

杏姐姐，我快要小升初考试了，真的需要一个安静的家。但我现在什么都学不进去，成绩一落千丈。为了让妈妈开心点，我在妈妈面前非常认真地学习；挖空心思讲笑话逗她笑；还背着妈妈给姑姑和爷爷打电话，让他们劝爸爸改正错误。我还哄妈妈说："爸爸给我保证再也不会有这样的事发生了。"

妈妈信以为真，让我给爸爸打电话。我每天放学就给他打电话，告诉他，妈妈做了许多好吃的饭菜，等他回来一起吃。每次吃饭我都会先陪妈妈吃半碗，然后，边写作业边等着爸爸回来。尽管我很想一次性吃饱，又怕爸爸回来后一个人吃饭没滋味，也害怕他出去和你在一起。就这样，爸爸回来陪了我5天。

记得上个周六的下午，爸爸说6点回家吃饭，妈妈兴高采烈地做了一大桌我和爸爸最喜欢吃的菜。可是，我们一直等到7点，他突然来电话说不回来了，因为有朋友从远方来。

我听了以后很生气，妈妈说没事，让我先吃，她要出去一下。我害怕妈妈一个人发生意外，就跟着她到了大门口，妈妈带着我打的去了爸爸的公司，才知道爸爸是为了和你在一起才不回家的。那天夜里12点爸爸才回家，没想到他回来后就对妈妈口出恶言，怪妈妈不该去他公司。妈妈回了他几句，他就对妈妈大打出手，把妈妈踩在脚下，用力揪妈妈的头发，还把妈妈的脸使劲地往地上撞。我拼命去拉爸爸，并跪在地上求他不要这样对待妈妈，她是生我养我的妈妈啊！是和他一起风雨同舟的老婆啊！爸爸却像疯了一样继续拳打脚踢，直到打累了才松手。

妈妈从地上爬起来，让我快跑，她冲进厨房拿了把刀，说今天要和他拼了！爸爸夺过了妈妈手里的刀，将妈妈的背部和手部都划伤了，流了很多血。爸爸还将家里的家具砍得一塌糊涂，闹完后头也不回就跑了。

我光着脚在后面追爸爸，边追边撕心裂肺地叫："爸爸别走！我不想让你走，你回去给妈妈赔个礼，带妈妈去医院看看吧。"可他坐上的士就走了。到现在一直和你同住，很少回家。

杏姐姐：以后你也会生孩子的，你希望你的孩子有这样的爸爸，有这样不幸的家吗？当你打电话到我家，那样嚣张地骂我妈时，你知道我心里有多恨你吗？你这个张狂的坏女人，你知道你的出现带给我的痛苦和绝望吗？你就这么狠心让我失去快乐的童年？让我的成绩迅速下滑？就这么狠心要我爸爸生活在孩子对他出轨行为的厌恶中？

杏姐姐，我求求你放过我爸爸，把爸爸本该陪我的时间还给我。你很清楚，爸爸不会为了你放弃我们这个家的。而且，没有一个女人可以像我妈妈那样爱我，那样无微不至地照顾我。请你放手吧，那样我将非常感激你！

源源

这封信，源源写得难过，我读得更难过。如此善良懂事的孩子，在最需要父母之爱时，偏偏碰到这样暴力而花心的父亲、懦弱且悲苦的母亲。

为了挽住父亲出轨的脚步，为了抚平母亲内心的伤痛，他用稚拙的笔，透明而清澈的心，向那位所谓的小三姐姐苦苦哀告与请求。这样小的孩子，完成这样一封字字血声声泪的信，一定是耗尽了全身的气力与情感的吧？源源，知道吗？你的信碾碎了车阿姨的心啊。

特别希望杏女士能用心读懂源源这封信，然后扪心自问，将心比心，由己及人，能够在源源面前感到惭愧，感到不安，感到自责，收敛起那副有了爱就有了一切的轻狂样。

我也忍不住提醒杏女士：一个对结发妻大打出手、对儿子的真情呼唤置若罔闻的男子，真的值得你托付终身吗？就算你"转正"了，踩着一个无辜女人的血泪，顶着一个孩子仇视的目光，跟着这么一个冷酷又不专情的男人，你能有什么样的未来？你怎能保证，同样的暴力、同样的噩梦不会降临到你和你的孩子身上？人在做，天在看。为了孩子，积点德吧！

当然，我最心疼的还是源源。我想对他说：如果你父亲和那位杏姐姐读了你的信，依然执迷不悟，无动于衷，那就别再对他俩抱任何期望了。

可以的话，劝妈妈尽快带着你离婚，因为父亲的所作所为已经不配再当父亲和丈夫。勉强留住他，留下的也只是无尽的屈辱；离开他，妈妈至少不用再承受暴力之苦，你至少能拥有一张安静的书桌。你们母子至少可以过上一种有尊严的生活。假如妈妈不肯离，你就得从现在开始，尽快成长为一个勇敢优秀的男子汉，成为母亲可以依赖的大树。

源源，我知道你还小，这么要求你，有点为时过早，但我真怕你那不成样子的父亲会将仇恨与混乱的种子根植在你心中；更怕你会因此放弃学业，和你凄苦的母亲一起无助地向下沉沦。

既然父亲靠不住，母亲扛不起，就靠自己吧！可以的话，每天多吃多运动，把身体练得棒棒的。这样，当父亲再对妈妈挥起拳头时，你只消握住他的手，就让他动弹不得；还有，从现在开始，好好学习，用心照顾和开导妈妈，当你逐渐变得强壮，变得优秀，变得有能力且有担当时，你才能让妈妈感到欣慰，感到安全，不再为了怕伤害你而留在充满屈辱的婚姻里。

爸爸七八个耳光打碎我的心

我独自承受着失恋的剧痛，不想凑合着结婚。我爸打我啊！整整七八个大耳光！我嚎！我拼命嚎！想到这么多年来的压抑，我差点儿疯了。

车老师：

给您写这封信时，我眼里都是泪，其实我不想哭，但眼泪止不住往外流。

很多时候，我都忍不住想：如果当年父母多照顾我一下，如果亲人多关注我一点儿，我的人生是不是另外的样子，是不是已拥有美满的爱情和婚姻？可惜人生没有如果，只有残酷的现实。

两岁多时，母亲去外地上大学，我乏人照顾，总是东一家西一家地带，特别容易生病，病得时间长了转成了肺炎，打链霉素打了很长时间，当时都不知道这个药会有致聋的毒副作用。

母亲一走就是三年，父亲忙于工作，根本没发现小小的我已出现异常，直到上小学，还是班主任发现我有听力障碍。虽然听力受损的情况不是很严重，但也影响了日常学习和生活。小学初中的同学不懂事，总是欺负我，给我心里留下很深的阴影和伤害。

父母太忙了，忙于事业、忙于挣钱，根本无暇顾及我，而且他们都脾气暴躁，总是摔东西或者呵斥我。因为听力障碍，我说话不清楚，可父母从来没有帮我纠正发音，当我拿着书去找他们，希望他们帮我时，他们总是黑着脸推开我。本来我对周围的环境就有一种紧张和害怕感，如此一来，更加惶惑和无助。我想，孩子小的时候，一定要把爱给足她，只有心里有爱的孩子才会懂得去爱人，才能抵挡住伤害。

也许是因为亲情极度匮乏，我心里特别需要爱的温暖。大学毕业有过一次初恋，很遗憾地失败了。在北京工作三年，情感上也空寂了三年。累了，回家复习准备考会计师，就这个时间里遇到了他，一个改变了我一生的人。

他在部队任教员，对我一见钟情。开始，我也曾狠心拒绝过，最终还是没能抵抗住他的甜言蜜语和海誓山盟。我鼓起勇气去爱，小心翼翼地去爱，尽我所能地去爱，好怕自己再受伤。在一起的日子很快乐也很幸福，思维想法都很相近。我在他面前总是那么开心，以为他就是情感的归宿，我温柔而痴迷地爱着他，甚至开始和他谈婚论嫁。

没想到仅仅因为我听力方面的障碍，他父亲竟会以断绝父子关系来要挟；更没有想到，他会那么轻易地放弃。

父母希望孩子幸福，无可厚非，我都能理解。我只是错在太相信爱情，太相信他的话。其实他父亲完全没必要用这种方式对待他，坦白说出来，我会放手离开。怪只怪我当初心太软，所以，这一切的痛苦我会承担。

因为听力，在事业上我已承受了太多的委屈与不公，爱情的打击对我来说更是致命的。我独自承受着失恋的剧痛，不想凑合着结婚。我爸打我啊！七八个大耳光子，我嚎！我拼命嚎！我想到这么多年来的压抑，我要嚎叫，差点儿疯了。如果我家在九楼，我肯定跳了。可惜，我家住在二楼……

我累了，也越来越虚弱，越来越少言寡语。我再坚强，也经不起三番五次的打击。也许有一天，我会静静地离去，将那枚小小的钻戒放在手心，含笑离去。毕竟在一生中能遇到所爱的人，并被所爱的人爱过，就不该再有遗憾。每个人都有每个人的苦，都有内心的心结，何必强求，不如放手归去。只是，此生我没有机会再做美丽的新娘。

我累了，不愿再有来生。

冷月

冷月的邮件一直撕扯着我的心，尤其令我难过的是：在给我连发三封邮件，讲完她凄凉伤感的爱情故事和悲惨无助的童年经历之后，就再无音讯。我不太敢想现在的她到底怎么样了？她太骄傲、太敏感又太脆弱，完全知道悲剧源自哪里，所有的道理也都明白，只是，伤得太重，已无意自救，也拒绝外援。

突然想起一句古话，叫"穷养男，富养女"。

过去，我对"富养女"这句话的理解十分轻浅，以为富养就是家里的钱多一点儿，让女孩吃好穿好。看多了和冷月一般年轻的女孩子，有的为了成长的阴影，有的为了情感的饥渴，有的为了金钱的欲望而奋不顾身地糟蹋青春，我才蓦然惊觉：原来，"富养女"不仅仅指金钱上的充裕，更侧重精神方面的富足。

我所理解的精神上的富足，指的是女孩最好生活在父慈母爱、温馨和睦的家庭中，得到健康而充沛的父母之爱，接受高品质的教育。爱和教育是女孩心灵最好的养分，可以让女孩感到安全和自信，奠定她明朗快乐的人格底色，高贵而优雅，聪慧而明智。即使在情窦初开的年龄，也能保持一颗安静清澈的心，懂得欣赏，懂得辨别，懂得自爱与爱人，不至于因为情感的饥渴，迫不及待地寻觅男人；为了几句话、几束花的温暖，就盲目地付出青春；为了一个不值得的男人，就草率地放弃学业，甚至生命。

物质上的富足，指的是让女孩在成长的过程中，不过分拮据困顿，不为金钱的事犯愁，不钻进钱眼里而把钱看得比什么都重。我坚持认为，很多出身寒门的女大学生之所以频频出入夜总会，廉价出卖色相，充当有钱人的二奶，究其根源，就是穷怕了，眼窝子浅，一点点金钱方面的诱惑，一点点小恩小惠就可以蒙蔽她的双眼，让她忘乎所以，不择手段。

"富贵多淑女"，物质生活富足才能够不贪小利，见多识广才能够宠辱不惊。为了避免女孩的悲剧人生，为人父母者尽量去富养自己的女儿吧！假使你无法给她提供优越的生活条件，请你一定给她足够的关爱，让这爱滋养她，润泽她，开启她的智慧，塑造她健全的人格，让她拥有强大而丰富的心灵。这样，她才不易被外部的各种浮华和虚荣迷惑，才有力量保护自己，让自己少受伤害，才可以在喧嚣红尘中气定神闲、安之若素。

不知道这篇文章是否离题了？不知道冷月是否有机会看到？我多想握紧她的手告诉她：现在好好爱自己，将来把爱给足你的孩子。虽然你无法选择父母，无法改变惨痛的过去，但你可以把握现在，争取未来！只要你振作！只要你愿意！

如此父母真让我很无言

> 我甚至想，要是我真的怀不上孩子，我一定要去找我妈，
> 和她同归于尽！因为，都是她毁了我！

车老师：

我的父母都是有文化的人，供职于事业单位。但他们对我的教育就是学习，除了学习的事其他一概免谈。我考得好，他们从不说什么，认为是应该的；如果考得不好，就先把我暴打一顿再说。

他们从来不关心我的其他想法和需要，对我的唯一要求是必须学习、再学习。只要做点别的什么，那就是老规矩——一顿暴打！我12岁时，因为跟着电视里的人学跳舞被妈妈把左脚打骨折，还对外谎称是我出去玩把脚给扭断了。我那时就对自己说，有一天能离开那个家，我永远都不会再回去。

大学毕业后我独自到了上海，真庆幸自己不用再回去面对他们了。因为他们对我的无情，我对他们也格外冷漠，包括对别人我也同样缺乏温情。不仅仅是这些心灵的后遗症，还有身体的后遗症，不知大家是否相信，我来初潮时曾被妈妈打了好几次，每个月例假都要被她打，竟然还骂我："你真是过得太好了，竟然那么早就来，你还会好好学习吗？每次你都这里不舒服那里不舒服的，我先打你一顿，看你还舒不舒服？"

我真纳闷，难道她的初潮是20岁以后来的？难道是我自己特别想来例假，特别想让身体承受来例假时的苦痛与折磨吗？不知各位女同胞有没有遇到过这样的妈？

在我读大学前，妈妈从来不给我一分零花钱，我来例假，她更不会为我买卫生巾。我偷用她的还要被骂、被打，只好用卫生纸、本子，甚至包裹箱上的包装纸都被我撕下来用过。因为这些纸不卫生，造成感染，我现在每个月要花一半的工资来治我的妇科病。还要承受我老往医院跑，让同事误会我身体相当差，仿佛有很多病的心理压力。

我狠心不跟家里要钱，要的话，他们也不见得给。上海看病的消费又很高，病也只能拖着慢慢治。我经常担心我的病要是影响到生育，那该怎么办？我甚至想，要是我真的怀不上孩子，我一定要去找我妈，和她同归于尽！因为，都是她毁了我！

总之，我觉得我妈是个没有亲情的疯女人，作为女儿被糟蹋成我这样，真的是可悲！现在，不用活在妈妈的眼皮子底下就是我的幸福了。我常常忍不住想，以后结了婚，我一定要个女儿，我一定要对她好到让她比同龄人都幸福好几倍。

发泄一下，请网友不要替我妈这种人说好话，说什么为人父母不容易等，我家的父母是没资格做父母的，特别是我妈！他们只给了我生命，以后要我养老，我也会尽到赡养的责任，但我同时也会对他们冷漠，因为他们就是那么待我的。希望那些有好父母的人继续幸福，别认为我对父母不孝，只要站在我的角度想想，就明白我为什么这么恨我父母了。

我没有未来

正常情况下，说到家，我们会想到港湾；说到父母，我们会想到温暖。茫茫人海，喧嚣尘世，家是心灵的避难所，是我们躲避风雨、释放压力、舒缓身心、享受美好生活的乐园。

但现实生活中，确有一大批和"我没有未来"一样的孩子，面对情感冷漠、心态不良的父母，面对家不成家、父不像父、母不像母的混乱，承受着家庭中各种残酷而又无法回避的伤害，很痛苦很扭曲地成长。因为成长的代价太过惨重，这些孩子谈家色变，想起父母就不寒而栗。家是他们心头难以言说的痛，是他们避之而唯恐不及的雷区。

"我没有未来"说"我家的父母是没资格做父母的"，这话值得所有父母深思和警醒。

　　做父母确实需要资格，不是谁都可以当父母的。没爱心的、不健康的、不理智的、不成熟的人懵懵懂懂当上父母，却拒绝承担对孩子的责任，缺乏体谅孩子的心，漠视孩子的情感需求，将孩子视为自己的私有财产，随意支配和打骂，滥用父母的权威，将孩子伤得千疮百孔。这样的父母，怎能不让孩子切齿痛恨？

　　尤其是那些被父母伤得很深，成长得异常艰辛的孩子，因为亲情的缺失，他们很难拥有开朗的心态、爱己和爱人的能力，很难像正常家庭长大的孩子那样，尽情享受快乐而多姿多彩的人生，让爱在自己和下一代的身上延伸。在漫漫人生路途中，他们注定要承受更多，背负更多，他们经常要把别人用于做事业和享受生活的时间，用来艰难地修复自己，安抚自己，给自己疗伤……

　　为了生命至高无上的尊严，我特别希望父母在申请生育之前，要接受相关部门进行的家庭教育、父母素质之类的培训，掌握一些科学的教子观念，懂得如何赋予孩子健康而充沛的父母之爱后，再去要孩子。假如父母不爱孩子，千万别草率地生育孩子；假如父母不懂得如何教育孩子，一定要虚心点儿，好学点儿，千万不要对孩子"乱"作为，胡乱戕害。以免历经苦辛把孩子养大，只是养了个恨你入骨的仇人！一个落落寡合、与社会格格不入的畸形人。

　　也许我有点危言耸听了。最后，想心平气和地对"我没有未来"说：其实，你心中还是期待未来的，你那样渴盼着婚姻，憧憬着给你的女儿完满而无憾的爱，既如此，就请将精力放在自我修复、自我关爱、自我提升上，好好规划自己的人生，在自己的婚姻和孩子身上补足你的爱，释放你的爱，也享受你应得的亲情挚爱。

妈妈为什么喜欢"窝里横"

我一直想不通，妈妈为什么不能让父亲的日子好过一点，让自己的孩子也幸福开心，总是那么飞扬跋扈、蛮横不讲理地面对家人。

车老师：

我一直想不通，妈妈为什么不能让父亲的日子好过一点，让自己的孩子也幸福开心，总是那么飞扬跋扈、蛮横不讲理地面对家人。才53岁的年纪，就把身体弄得那么糟，高血压、糖尿病集于一身，却不知道自己好好调理一下。

老年人应该早睡早起，多加锻炼，可是她却每天晚上必看影碟，必看韩剧，每每凌晨一两点才睡觉。早上非得9点以后才起床，从不吃早饭。正餐喜欢吃肉，菜放很多的盐。父亲好歹也55岁年纪了，每天晚上还去上班，那么辛苦地工作，生活规律完全被打乱，身体也是一天天衰弱。就这样，妈妈还老跟他生闲气，数落他窝囊，抱怨自己嫁错人，让父亲的耳根子不得清净。很多时候，我都忍不住同情我的老父亲，几十年的婚姻，那么踏实本分，却被母亲贬得一无是处，这真是身为男人的悲哀。

现在，她又把矛头对准我了，我自认为是个挺懂事、挺能干的女孩，却总被老妈的冷言冷语折磨得要发疯。找男朋友，这个这儿不好，那个那儿不行，我喜欢的老妈永远看不上，她喜欢的好像都是有家有业的已婚男人，我能接受吗？真是超郁闷啊！忍不住在你这儿发发牢骚，只是发发牢骚……

生活中无事生非，把家人和子女当作自己不良情绪的垃圾筒，对子女的人生横加干预，跟配偶和子女拼命叫劲，弄得家里鸡飞狗跳、不得安宁的父母还是很多的。这类父母是比较典型的"窝里横"。

"窝里横"的父母之所以喜欢在家里制造事端，毫无顾忌地伤害家人，是因为他们缺乏良好的素养，缺乏健康的生活方式，在家门之外缺乏成就感和自我价值感，终日困守斗室，无所事事，不知道如何打发漫漫长日，满腔的热情和精力无处发泄。所以，将矛头对准家人，在家里由着性子恣意妄为，将好端端的家变成战场，把家人折磨得心力交瘁，苦不堪言。

因为父母的无法选择性和无可替代性，遭遇"窝里横"的父母是孩子人生的大不幸，因为"窝里横"的父母最容易将家变得混乱不堪，带给家人深重的伤害。尤其恐怖的是：他们很多人根本意识不到这种伤害的存在，还非常享受这种在家中说一不二、作威作福的感觉。殊不知，这种沾沾自喜的感觉是建立在践踏家人尊严、扭曲孩子性格的基础上的，带给孩子的是斑斑血泪和难以负荷的人生。

年幼的孩子很难离开父母独立生活，大都被动而无奈地承受着这种伤害。对此，我们不能只寄望于父母的良心发现和自行收敛，也应该有强有力的法律保护和制约机制。关于这一点，我非常赞同一位博友的建议，她在我的博文《父母不好，我只能做自己的再生父母》下跟帖说：

我的父母比她的父母过分一百倍都不止，他们生活得不顺利，在社会上得不到认可，就通过在家里打骂我来发泄他们在工作中的怨恨。这个女孩只是妈妈打，我是父母一起打。通常是我妈挑起事端之后，爸爸跟着她一起打我，起因仅仅是我没有及时给他们拿去他们要的勺子或报纸。

为什么要孝顺这样的父母？我也是自己的再生父母，我一直坚强地活着，渐渐摆脱了他们给我的阴影。但是，阴影是不可能完全消失的，我缺乏安全感造成了自己的婚姻失败。不过没关系，我还年轻，还有很长的路要走。很多人都具备生育能力，但不是所有人都会做父母！更可怕的是那些不会做父母还不肯学会做父母的人！

我只想在这里呼吁中国尽快建立儿童保护机制！对这种不合格的父母就让他们失去监护权！不要再毒害下一代了！

她的关于"建立儿童保护机制，取消不合格父母监护权"的建议，在西方发达国家已经有非常成熟的经验可供借鉴，希望能引起有关职能部门的重视和深思。

成年子女要避免"窝里横"父母继续作威作福地祸害自己的人生，最明智的选择是跟父母分开居住，保持距离，也保留各自的生活空间。"远香近臭"，往往隔着距离，礼尚往来，更能显出亲情的可贵。

假如必须生活在一起，互敬互谅尤为重要。对于父母来说，应该意识到子女在社会上打拼不容易，对他们最好的支持是尊重子女的生活方式，给他们创造出一种宁静和睦的家庭气氛。在子女忙于工作，无暇照顾他们时，学会安排自己的日常生活，多参加一些社区活动，看看书报，主动与同龄人交往，并含饴弄孙，享受天伦之乐，使自己的生活丰富而充实。千万不要老迈昏聩，困守斗室，专门跟子女过不去，让子女谈父母就色变，视家为雷区。

对于子女来说，应该体谅父母晚年的孤寂，抽空多陪陪他们，懂得"老人靠哄"的道理。能用耐心和爱心，哄老人开心；能根据老人的特长，鼓励他们走出家门，发挥余热，充实自我；或者在家中进行学习和娱乐，摆脱精神上的颓废和无助感。

总之，尊重是相互的。作为长辈，想赢得小辈的喜欢和信赖，就要有长辈的样子，为老要尊；不要因为退休之后无所事事，就把家变成战场，弄得子女无处存身。希望父母和子女之间，相互给予的是爱与温暖，而不是伤害和眼泪！

爸爸是我和妈妈的痛苦之源

爸爸让我和妈妈都生活得既痛苦又压抑，跟他在一起总是战战兢兢。我不知道我的爸爸为啥会这样？我该怎么办呢？

车老师：

快过年了，每年过年我妈都提心吊胆的，因为我爸总找我妈的事儿。

爷爷不喜欢我爸，喜欢我的姑姑们。姑姑们跟爷爷在我小的时候就常常刁难我妈，我爸从不敢吱一声，可是如果我妈哪里做得不好，他就会激烈地表达他的不满，这让我很瞧不起他。如果姑姑们来了，我妈在外工作不请假回来，我爸不高兴，就会命令我妈下次一定得回来。妈妈不听，他就跟她吵架，还会不工作，我妈为了过日子只能忍气吞声。

我妈嫁了我爸这样的人，痛苦了一辈子。一遇到事我爸就担不起，什么事都是我妈扛着。我爸还总嫌我妈这不好那不行的。我爸说什么话都轻巧得很。他让我妈别再给人家干活了，可是家里欠债好几万，我妈能不干吗？我觉得我爸一辈子就没活明白过。

记忆中，我爸就是不喜欢我，喜欢我弟。他从来不会鼓励我，总是给我泼冷水。他曾经说过："像你这样的还打算嫁谁？"这使我对婚姻非常失望，也曾抑郁过。现在，因为我婚姻失败，待在家里，爸爸又把矛头对准了我。我做什么他都看不顺眼，很细节的地方也要按着他的要求办，而我生性闲散粗心，很难达到要求，除非不出声，否则就是吵架，甚至挨打，也会牵扯到我妈。在爸爸眼里我的错误都是我妈造成的。前几天，因为一件小事，他把我脑袋打得缝了好几针。我一直不理他，他也不理我。目前我们依然处于冷战状态。

车老师，我觉得我的病，包括失败的婚姻都跟我爸有关。我虽然30岁了，可是一直不知道什么样的男人适合我，也非常害怕再次失败。那样的话，我爸会觉得我丢了他的老脸，更加对我不好。

爸爸让我和妈妈都生活得既痛苦又压抑，跟他在一起总是战战兢兢。我不知道我的爸爸为啥会这样？我该怎么办呢？

小秋

小秋的父亲属于消极性依赖人格失调患者。这是一种最常见的人格障碍，其主要成因是，童年早期的依赖需求没有得到足够的满足，从而导致成年期的心理固着在"口欲期"，以致使一个人的"心理哺乳期"不断延长，有的人甚至处于"终生心理哺乳"状态。依赖性的人常常被别人称之为"长不大""幼稚"等。因过分依赖而引起的心理失调，心理学家称为"消极性依赖人格失调"。

关于消极性人格依赖，美国杰出的心理医生 M. 斯科特·派克在他所著的《少有人走的路》中指出："患有这种疾病的人，只是苦思如何获得他人的爱，甚至没有精力去爱别人，如同饥肠辘辘者只想着向别人讨要食物，却不拿出食物帮助别人。"

"患有人格失调的父母，为孩子树立的是反面的榜样。他们的病情，也会影响到婚姻、交友和事业。他们不肯担负起自己的责任，导致人生问题重重。面对问题要挺身而出，不然它们会永远存在，而人格失调症患者完全背离这种做法，不由自主地把责任推给配偶、孩子、朋友、父母、上司，或者推给其他抽象事物——带来'坏的影响'的种族歧视、性别歧视、时代潮流等，但问题却始终存在。他们推卸责任时，可能感觉舒服和痛快，但心智却无法成熟，常常成为集体、社会的负担。"

小秋的父亲事业上无建树，经济上及情感上都依赖妻子却又挑剔妻子；对小秋缺乏关爱，当小秋的婚姻出现问题时，又频频指责和打骂她，这些都是人格失调症患者典型的特征。而且，小秋父亲的人格失调症状也影响到小秋的性格形成及对婚姻的态度，所以，小秋身上也呈现出较为明显的人格失调症。比如无法很好地爱自己；不能从容地经营婚姻；30岁了，感情及事业都比较混乱；自己都弄不清楚自己适合干什么，找寻什么样的人生伴侣；将自己婚姻的失败归咎于父亲，跟父亲冷战，对人生有很深的无助和沮丧感；还有多次发邮件征询我对她情感生活的看法等。

因为小秋已进入而立之年，再指责和抱怨父亲已无任何意义，关键是提醒自己不要重蹈父亲的覆辙。所以，她目前人生的重点应该是努力修复自己，好好规划自己的人生，做一个成熟的、对自己人生负责的人。具体建议如下：

一、爱自己，培植自尊和自信

可以多找出自己的优点，把优点罗列出来，给自己积极的暗示，让自己逐渐变得自信。比如：我很健康，我还年轻，我可以靠自己让自己生活得很幸福等。

把父亲指责自己的话罗列出来，试着为自己辩解或者反话正听，让自己释怀，让内心觉得舒服。在恰当的时机，要求朋友和家人多鼓励自己，在外部的肯定中，提升自信值。

此外，努力培养一些嗜好，如静下心来读格调高雅的好书，欣赏旋律动人的音乐，多参加一些体育运动等。这些都是自我滋养的有效手段，可以让心智变得灵动活泼，自然而然地焕发生命活力。

二、纠正依赖性习惯

清查一下自己的行为中哪些是习惯性地依赖别人去做而推卸责任的。可以每天做记录，记满一个星期，然后将这些事件按自主意识强、中等、较差分为三等，每周一小结。对自主意识强又效果好的事件，以后遇到同类情况应坚持自己做。例如，自己选择一款衣物，觉得很适合自己，以后就坚持按照自己的想法打扮自己，不再征询别人的意见。对自主意识中等的事件，应提出改进的方法，并在以后的行动中逐步实施。例如，看了我的答复，对我的观点并不赞同，便坦率地把自己不赞同的理由说出来。依此类推，逐步转为完全自己做决定。

对自主意识较差的事件，可以采取诡控制法逐步强化、提高自主意识。诡控制法是指在别人要求的行为之下增加自我创造的色彩。例如，在跟父亲起冲突时，主动退让，同时暗示自己，自己退让不是怕父亲，而是心智成熟的表现等。类似的事情逐渐增多以后，会觉得考虑父亲的感受、主动关心父亲其实也挺快乐。在此基础上，主动投其所好，做一些让父亲感到欣慰的事情，缓解和父亲的关系。

三、寻求人生的支点

静下心来想想自己喜欢什么，适合做什么。从打工做起，享受工作的充实感，寻求人生的支点，让自己的人生变得有规律并且充实。即使是待遇差、很不起眼的工作，也努力投入热情和感情，让自己做得有趣且富有成效。

也可以每周根据自己的实际情况，做一件有挑战性的事情，例如，独自一人到附近的风景点做短途旅行；邀请两三个朋友小聚；一周规定一天"自主日"，这一日不论什么事情，都不依赖他人；在父亲对母亲无理指责时，理直气壮地护卫母亲等。通过此类事情，增加勇气，改变事事依赖他人的弱点。

美国黑人作家埃尔德里奇·克里佛说："你不能解决问题，你就会成为问题。"

M.斯科特·派克则提醒大家："人可以拒绝任何东西，但绝对不可以拒绝成熟。拒绝成熟，实际上就是在规避问题、逃避痛苦。规避问题和逃避痛苦的趋向，是人类心理疾病的根源，不及时处理，你就会为此付出沉重的代价，承受更大的痛苦。"

我觉得成熟的人就是直面人生的各种问题，努力担当，努力去解决的人。希望小秋努力爱自己，通过艰难的自我修复，把自己变成心智成熟、经济独立、魅力非凡、值得爱的人，进而拥有一份与父母截然不同的精彩人生。

被妈妈唠叨得要崩溃

我现在是不是得了抑郁症？我经常哭泣，因为一点儿小事情就觉得自己是倒霉的人，经常想要自杀。

车老师：

我今年25岁，生活在单亲贫困家庭，从小脾气就不好。我有一个深爱着我的妈妈，因为生活的艰难，她总是唉声叹气、絮絮叨叨。我讨厌看她充满悲伤的脸，也曾试着劝慰她。初中时就告诉她，日子不管怎么样都要过下去，不如看开点，开心一些，可她依然是愁肠满腹的样子。年少气盛的我不知道该如何是好，只一味地以暴制暴，每逢她唉声叹气、唠叨不止时，我就骂她，和她吵架。很多时候，我觉得自己比她还要坚强些。

真希望妈妈是个快乐的妈妈，多些笑容，少些哀愁。何况，我已经长大了，在外地有一份稳定的工作，除了偶尔会因为家庭自卑一些，一般情况下还是很快乐的。但妈妈每次来看我，总说我住的房子这不好那不好。

我知道她心疼我，告诉她我觉得好就行了。她还是喋喋不休，真的很讨厌。我是个细腻敏感的人，她说一些不好听的话我就会想很多，变得又暴躁又悲观，和她在一起不到半天绝对会吵架。吵架时我们娘儿俩都哭，我还经常砸东西。

之前的男友因为家庭问题和我分手了。后来谈过两个，真的都令我失望。现在的我不想谈恋爱，不想听妈妈逼我找男友和催我结婚的话。我是做设计的，工作繁重，工作强度让很多男人都望而生畏，觉得自己天生就是个劳碌命。

我现在身体状况很差，脾气也变得异常暴躁，不喜欢说话，动不动就想哭，感觉自己是被世界遗弃的人。别说我是在顾影自怜，自己走过的路，自己最清楚其中的酸楚。

我知道我最近的性格变化是由感情方面引起的，但已从失恋的伤痛中走出来了，为什么还是心情很不好？说了这么多，希望老师帮我分析如下问题：

1. 妈妈为什么爱唠叨？

2. 怎样和爱唠叨的妈妈相处？

3. 我现在是不是得了抑郁症？我经常哭泣，因为一点儿小事情就觉得自己是倒霉的人，经常想要自杀。

请老师答复，谢谢！！

不欢

一、妈妈为什么爱唠叨

因为妈妈的婚姻不顺，生活拮据，对这种现状深感痛苦却无力改变，才用唠叨、唉声叹气和愁眉苦脸等消极方式将心头郁积的压力释放出来。唠叨是妈妈排遣烦闷、发泄不满、进行自我减压的一种方式。这种方式反映出妈妈自卑、懦弱与焦躁的性格，也说明她内心深处对女儿的依赖与期望。

在她失意黯淡的人生中，女儿是她最亲近的人，她通过对女儿唠叨让自己感到轻松，却没有意识到，不考虑女儿的承受力，一味地把女儿当垃圾筒，将大量的精神垃圾倾倒给女儿，会给女儿带来巨大的伤害，甚至引起她心理上的厌倦和人格上的异常。

不欢在成长的过程中，对妈妈以暴制暴，动辄和妈妈吵架，甚至出现砸东西和伤心哭泣等行为，都是妈妈唠叨的负面产物。相比于妈妈的唠叨，她已经显示出暴发型人格障碍，是长期缺乏安全感、缺乏鼓励、缺乏亲情滋养而形成的问题人格。不良的家庭教育对孩子性格的杀伤力由此可见一斑。

二、怎样和爱唠叨的妈妈相处

曾看过一篇报道，一个单亲家庭长大的女孩，在26岁那年，妈妈在一场意外的变故中变成植物人，她努力赚钱，请了护工照看妈妈，只要有闲暇就陪在妈妈身边，细心料理妈妈的一切。很多人劝她放弃，但她说，她决不放弃！因为，只要妈妈有一口气在，她就可以享受"有妈可叫"的温暖。

相比于这位女孩，不欢要幸运很多。毕竟，妈妈身体健康，精力充沛，才有条件唠叨她。唠叨背后，蕴藏着母亲出自内心的爱，也说明她在妈妈心目中占据着非同凡响的位置。既如此，就听懂妈妈唠叨的话外音，把它当作一首悠远绵长的母爱之歌，耐心聆听，心怀感激地接受，不争辩、不发火、不和妈妈对抗。以微笑、撒娇和幽默调侃的方式应对；对妈妈多报喜，少报忧，尽量以自己开朗积极的心态感染妈妈，以自己对人生的美好憧憬给妈妈近乎枯竭的心灵注入希望和柔情。

不欢，亲情无价，与其跟妈妈在针锋相对中两败俱伤，不如在亲密相依中彼此取暖。

三、我现在是不是得了抑郁症？我经常哭泣，因为一点儿小事情就觉得自己是倒霉的人，经常想要自杀

由于长期承受母亲无休止地唠叨，放任自己和母亲对着干，不欢已经呈现出暴发型人格障碍。这种人格障碍还没有及时修复，年轻的她又面临着沉重的工作压力及情场失意等一连串打击，这超出了不欢的心理承受能力，她目前表现出来的爱哭泣、不爱说话、想自杀等症状，可能是诸多不如意因素导致的人格偏差及情绪低潮，也有可能是抑郁症。这点，需要通过专业的心理治疗机构来确诊。不管结论是什么，"心病终须心药医"。

庆幸的是，不欢已经意识到自己的情绪异常并努力寻求解决之道。建议她积极自救，多看点滋养心灵的好书，增强内心的定力；多运动，

让自己焕发出生命的活力；多散步，让自己放松；多交友，让心头的郁闷有个出处；也可以边工作边递出一些求职简历，争取更适合自己的职位，享受工作的乐趣。当然，重点是加强和母亲的交流，在心理上达成对母亲的谅解，争取和母亲和睦相处，千万别在自怨自艾和愁肠满腹中复制母亲的人生悲剧。

严父厉母，想说爱你们不容易

半年多了，我没给他们打电话，他们也没打给我，有时候我想：如果我死了，他们也不知道吧？

车老师：

无意中看到您写的《爸爸七八耳光打碎我的心》这篇文章，我哭了很久，因为这个女孩的童年和我差不多。我的爸爸是教师，妈妈也做过代课老师，他们觉得我聪明，对我的要求一直是学习再学习。我怎么做都满足不了他们的愿望，考了第一是应该的，他们从不会鼓励和赞扬；如果没拿第一，就是暴打！

我都没有被妈妈抱过的记忆，只记得打骂我时骂得极难听，一面骂你这个贱X，你这个癫X，你还瞪，你还哭！一面猛抽我的脸。到现在想起来都很伤心，因为这些话太难听了。

小学三年级开始放学就不准玩耍，晚上他们要是去看电影，就把我一个人锁在家里学习。那时我才8岁，两层楼的屋子一点点动静都让我紧张万分，更多的恐惧是怕有妖魔鬼怪，每次都是爬到床上靠墙边坐着。放寒暑假和上学的作息一样，7点起床，23点睡觉，中午休息一会儿，其他时间都是学习，要写学习计划，还要他们过目，写好了才准吃饭。

上中专后，他们就没给我买过一件衣服，中专实习时谈了一个男友，他们不同意。毕业后，我想去上学的城市打工，跟他们要钱，我妈明知道我们分手了，还用很嫌恶的语气跟我说："你不会跟他要？"意思就是我没听他们的话，不给我钱是对我的惩罚。我只好带着仅有的一百多块钱上路了。

打工的工资每月300到500块，仅租房就150块，我每天都不敢吃早餐，中午花两三块钱吃盒饭，晚上煮清水面条。有时交不起房租被房东把东西打包了扔客厅里，这些我从来没跟他们提过，也从未跟他们张口要钱。逢过节就忙着往家赶，但一回家就吵架。因为他们老是抱怨别人怎样给家里钱，我却从来没有。我难过得直哭，觉得自己在外面过得这样辛苦，他们不管不问还反过来怪我。

这两年他们感情不好，总是吵架，我妈才想起还有我，常常打电话跟我诉苦，也知道叫我在外面要注意身体。今年因为他们非要我嫁一个不喜欢的人，和他们又闹僵了，半年多了，我没给他们打电话，他们也没打给我，有时候我想：如果我死了，他们也不知道吧？

从中学开始，我就觉得没有人能陪我到永远，觉得两个人在一起最终都是要分手的。十年前遇到第一个男友，我一度相信他会爱我到永远，我们会结婚，他信誓旦旦地拿走了我的一切，到最后还是残忍地分了。分手的原因是他家人嫌我工作不好，不同意。他为了让我答应分手，说给我1000元钱做补偿，我听后才知道，在他心里我只值1000元。十年后他跟我说对不起，我则表示永远都不会原谅他。

去年我因为无法承受工作和感情的压力，找心理医生做疏导。两个多小时的时间，就没有停止过眼泪。我问医生，为什么我在没恋爱之前就有不相信感情的念头。医生说要从我的家庭环境找原因。我说父母感情还好，家庭经济条件也行，就是对我学习要求很严格，喜欢拿我的短处去和别人的长处做比较。医生问我按他们的要求去做了吗？我哭着说是！可是我发现我无论怎样都无法让他们满意，我没做到，他们怪我不努力，非打即骂；我做到了，他们会有更高的要求，但从来没支持、鼓励过我。因为咨询费太贵，那之后，我没再去，自己断断续续地看心理学方面的书，知道父母对孩子的教育方式会影响孩子的性格及婚恋。

现在的我29岁了，心越来越冷，做的工作是技术性质的，工作单位不好也不敢换，因为不知道下一份工作是不是会更好。感情上也一直飘零无依，因为内心缺乏信任感和安全感，我不敢想自己会不会结婚，会不会找到一个真心爱我的人，只希望嫁得离父母越远越好！

我经常想，如果我有孩子，我不会让她再像我的童年一样除了学习还是学习，不会因为她学习不好而随意打骂她，没有孩子是一无是处的，孩子的教育更多的是靠父母的引导和言传身教。都说孩子是父母前世欠下的债，今生是来讨还的，如果一开始就想着养孩子是为了将来回报你，我觉得还是别生了。有句话：种瓜得瓜，种豆得豆。一个从小就得到温暖和爱的孩子，你不要求她，她也会反哺你。只有得到爱才会付出爱……

遗忘的时光

这位女孩的父母身为教师，对孩子的教育却奉行"学习至上"的观念，只从学习的角度来要求孩子，剥夺孩子童年应有的乐趣，漠视孩子的情感需求，为了考试分数的高低，对孩子非打即骂，缺乏鼓励和信任。其结果是让一个原本聪明用功的女孩，学历仅止于中专，内心敏感脆弱，对事业和感情都极度缺乏安全感。正值华年，既无力发展事业，又无法敞开胸怀爱自己、爱别人，成为比较典型的爱无能患者，甚至得出父母养自己只是为了索取回报、原本就不该生下自己的结论。

这个女孩的帖子实在值得为人父母者反思和警醒。因为中国有太多这样的家长，在"望子成龙，望女成凤"的心态下，将关注的焦点放在孩子的学习上，以为孩子只要学习好就万事大吉。殊不知，学习成绩仅仅代表着孩子综合素质的一个方面。在成长过程中，孩子除了要会学习，还承担着学会做人、努力发展爱好和特长、完善个性等重任。而且，健全的个性与优异的学习成绩本身就是相辅相成的。学习好不是真好，和谐的身心、开朗自信的个性比一纸分数要重要得多。而父母发自内心的关爱和赏识则是滋养孩子心灵最好的养分，是孩子快乐和自信的源泉。

遗憾的是，很多家长在孩子最需要亲情滋润，最需要父母关爱的时刻，终日板着面孔，虎视眈眈地盯着孩子的成绩，亲子之间的话题只有学习！只有成绩！在家长的高压和指责下，很多孩子除了会读书，会考试，什么都不会，沦为两只脚的书橱和被动接受知识的容器。很多家庭，更是"穷"得只剩下"分"。那些在极度压抑中成长起来的孩子，兴趣贫乏，心智匮乏，心灵一片荒芜，人格严重畸形。他们不但不能如父母期望的那样成龙成凤，甚至连基本的自爱与爱人的能力都丧失，成为与社会、与他人格格不入的寡欢者，毫无生之乐趣可言。

家长们，请不要用自己太多的欲望扼杀孩子的童年和个性。请不要滥用家长权威，将孩子变成光耀门楣的装饰品和牺牲品。让我们走出家庭教育的误区，走进孩子内心，关爱孩子心灵，用我们理智而有分寸的爱，用我们的尊重和关怀，将爱的阳光洒进孩子的心田，让孩子走出分数的重压，容光焕发地生活，快乐爽朗地做自己。

闭嘴，请不要说我父母的坏话

在成长过程中，我的姨姨们却不止一次在我面前说过我父亲的坏话。那时我还小，每次她们说的时候，我都会忍不住大哭。

车老师：

作为一个单亲家庭中长大的孩子，我最明白什么对自己的伤害最大。我们这种家庭的孩子最怕的是别人说我们的父母不好，当着我们的面讲我们父母的坏话。

其实，我父母离婚后都不曾在我面前说过对方一句坏话。对此，我深感庆幸。所以，我到现在还可以保持乐观的心态，周围的人都看不出我是单亲家庭的孩子。但是，在成长过程中，我的姨姨们却不止一次在我面前说过我父亲的坏话。那时我还小，每次她们说的时候，我都会忍不住大哭。也许，她们认为这样做，能帮我认清我父亲的真面目。事实上，她们的做法让我的内心非常难受！虽然我爸比较贪玩，他还是很疼我的，这个我自己感觉得出来。

看到您写的《女儿一句话深深刺痛我的心》，我忍不住想起以前我姨姨在我面前说我爸坏话时，我内心那种痛苦无比的滋味。我觉得她们当着我的面对我父亲说三道四才是真的在伤害我。我一直认为父母没有必要为了我勉强生活在一起，他们认为怎样好就该怎么过。

希望那些准备离婚或者已经离婚的父母，不要对孩子说对方的坏话，也请他们身边那些亲戚朋友们，在孩子面前闭上他们的嘴！别对着孩子诉说他们亲生父母的坏话。

菱

菱的帖子让我突然想起一个少年犯的成长经历。在这个孩子一岁时，他父母因性情不合而离异。之后，他跟着父亲和爷爷、奶奶一起生活。他们在生活上对他关怀备至，但经常喋喋不休地告诉他，他妈妈有多坏、多自私和不管孩子。他妈妈每次来见他，爷爷、奶奶和父亲都对她怒目而视，连妈妈买给孩子的衣物和零食也被他们毫不客气地扔出门外。终于有一天，那位妈妈再来看他时，已经四岁的小男孩愤怒地尖叫着说："你是坏女人，你是坏妈妈，你别再来看我了，我不要妈妈！"

　　那位妈妈泪流满面地走了，自此远嫁他乡，彻底中断了与孩子的联系，爷爷、奶奶和父亲的目的达到了。但那位孩子长大后，偏激、焦躁、叛逆，对一手带大他的爷爷、奶奶充满憎恨，跟父亲和继母也冲突不断，连小学都没读完就跑到社会上鬼混。后因参与一起恶性斗殴事件而进了少管所。如果爷爷、奶奶和父亲不那么仇视孩子的生母，设法为他保全一份母爱，也许，他会拥有一份不一样的人生。

　　菱那句"我父母离婚后都不曾在我面前说过对方一句坏话"让我非常感动，而那句"每次她们说的时候，我都会忍不住大哭"让我也特别动容。我不觉得菱听到姨姨们讲父亲的坏话就大哭是矫情或者无理取闹，因为捍卫父母是孩子的本能。除了父母是孩子的生命之源，是孩子在红尘俗世中最深的依赖之外，还因为在年幼的孩子心中，父母是孩子崇拜的偶像和效仿的榜样，是孩子内心安全的保障和力量的源泉。

　　当年幼的孩子不得不面对父母离异的残酷现实时，尽管年幼的他们不明白父母为什么离婚，不理解自己为什么只能跟其中的一位生活，但硬生生斩断孩子对另一方的深厚感情，会使孩子的心灵承受近乎毁灭性的打击，他们会因心灵支柱的一半轰然坍塌而恐慌不已，会因担心父（母）亲不爱自己而绝望害怕。

　　一些离异并取得监护权的父（母）不顾忌孩子内心的感受，一味地拿孩子当出气筒，当作报复对方的筹码，拼命对孩子讲对方的坏话，挑起孩子对对方的仇视之情，甚至故意剥夺对方探视孩子的权利。亲戚们也摆出一副大义凛然的面孔，在一旁呐喊助阵、火上浇油。貌似痛快解气，实际上是将弱小的孩子推入绝望无助的深渊。他会因为拥有那样"坏"的一位父（母）而自卑、焦灼、无助乃至羞愤。而他血管中流淌的父（母）的血液，又使得他本能地去护卫父（母），证明父（母）是爱着自己的，自己不是缺爹少妈的孩子。

因此，离异父母无法为孩子保全一个家的话，一定要设法为他保全父母的爱，保全孩子内心的纯净和对爱的向往，千万别让孩子背负父母之间的恩怨，千万别让孩子在非此即彼的选择中陷入混乱。还有那些热心的亲友们，如果真的心疼孩子，真的为了孩子好，一定要管好自己的嘴，千万别自作聪明，自以为是地对孩子讲他父（母）的坏话，这对年幼的孩子而言，无异于是在他滴血的伤口上撒盐，是很残忍也是很不人道的做法。

挣扎二十载，走不出父母"爱"的牢笼

25岁那年，我叛逆了一次，执意离开家乡，来到了大城市。潜意识里，我想脱离父母"爱"的牢笼，因为在他们身边我不快乐。

车老师：

最近越来越觉得，我需要看心理医生，因为有些问题，我已无力排解，担心情绪失控做出过激之举……

一、女上司：极其变态

我的困境——女上司是个近四十还未嫁的老姑娘，极其变态。所有在她手下的员工都换岗的换岗，辞职的辞职。目前只剩下我，在她手下饱受折磨五年。

女上司的变态程度我都不知道该如何形容，简直以侮辱下属的人格为乐，思维极其混乱，还要强迫下属遵照执行，出了错都是下属的，有成绩则归功于她；什么事情不顺利，都拿下属撒气；白天不干活，晚上就让下属陪她加班，有时加班到凌晨三四点，忙的都是看起来很奇怪的事情。下属如果请假说病了，她肯定怀疑是撒谎。即使拼命完成她交代的不可思议的任务，到头来她一定要说下属啥也没干，干活一点儿脑子都没有，都是笨蛋。

平时做事总把别人都想象成坏蛋，都想害她，下属也必须像她一样提防着别人，否则就被骂头脑简单；领导安排的任何任务，她都强压到下属身上；如果没做，就骂得很难听。而同样这个人，对领导谄媚得恨不得跪下来服侍。

您肯定有疑问：为什么大家都逃脱了，我却一直做到现在呢？这就是我觉得自己窝囊的地方。几年来尽管气得杀她的心都有了，可还是牺牲了家庭去配合她。我觉得自己有心理问题，却不知道怎样改正。

二、父母：包办我的成长

也许这与我的成长背景有关。我的祖辈、父辈都是毕业于名校的知识分子，也都在单位担任过要职。由于家境优越，我自小没吃过苦，但对自己的事情没有一点发言权，都是父亲替我决定。不管对错，我都要听他们的；小时候我根本不会与朋友相处，也不会吵架，亲戚都说我是温室的花朵。我在父母的安排下读了不喜欢的专业，找了看似很好但不喜欢的工作。

25岁那年，我叛逆了一次，执意离开家乡，来到了大城市。潜意识里，我想脱离父母"爱"的牢笼，因为在他们身边我不快乐。刚到大城市时，由于年轻，长得还可以，工作也是父母打过招呼的，有很多人照顾我，经济上又有父母支持，我生活得很好。后来我又叛逆了，因为我好不容易从父母身边逃出来，不想再在父母的庇护下生活。

我执意来到现在的单位，一个全然陌生的地方，吃了很多苦头，才站稳脚跟并跟同事们相处很好。但被我的变态女上司牢牢控制着，不知道如何对抗，明明我有理却说不过她。我觉得自己太失败，女儿已经四岁了，我都无法好好照顾她，我很惭愧，终日处于焦虑之中。

有时我想辞职，一旦我辞职，我的女上司肯定会疯掉。她嘴巴里一无是处的我，如果真走了，她肯定有一段时间无法正常工作，才会知道我的重要；但现在的我，已经不再年少轻狂。我为什么要丢掉这份好多人梦寐以求的工作呢？为了一个无赖？我真的不甘心，又真的不会和她相处，怎么办？

三、老公：忽视我的痛苦

再说说我的婚姻。我似乎是天生的受虐狂，在众多的追求者中，选择了一个丝毫不关注我的人。一个大雨天，我让他帮我送伞和拿东西，他却美其名曰要锻炼我、让我自己回家。

他跟我的上司有很多共同点。最主要的是不关心我，忽视我的种种痛苦，不喜欢听我讲工作上的烦恼，说应该自己解决；平常不干涉我，当然，也绝不帮我。我跟他吵架时没有障碍，想吵就吵。有了孩子之后，大家都不吵了，反正要过日子，能不计较就不计较了。

他的优点是极其爱孩子，会挤出时间带孩子。除了带孩子，在心理上，他好像没有感知能力一样，对工作也没有那么上心。有时候，看见他的种种，我觉得所有的重担都需要我自己扛，包括本属于男人的责任，真希望这是我的错觉。

我觉得自己真是窝囊，人到中年，在事关自己的重大选择上，完全没有思路，目前所拥有的这些并不是我想要的，但我想要什么，我自己也不知道。只是一味牺牲自己成全别人，牺牲了，也没有人说我好。除了父母，没有人心疼我。

我知道自己的根结在父母的教育方式的错误。我的孩子有想法，我一定支持她去实践。绝对不替她处理所有的事情，而是给她建议并不露痕迹地保护她。但是，我真的改变不了自己啊！有时我万念俱灰，觉得死了也不错。看见孩子，又觉得自己应该强大起来，却找不到让自己强大的办法。我真的担心有一天控制不住自己，冲动之下杀了我的变态上司。

车老师，我非常喜欢您的文章，也特别信任您，真诚地期盼您的答复。

悦然

读悦然的邮件，觉得她苦苦挣扎二十多年，都无法走出父母"爱"的牢笼，是因为父母的教养方式，养成她的依赖型人格，她试图抗拒这种人格，却导致两个自我发生激烈冲突。下面是我的分析和建议：

一、包办型父母与依赖型人格简析

依赖型人格是比较常见的人格障碍，其主要特征是缺乏独立性，经常感到自己无助、无能和缺乏精力，害怕被人遗弃，将自己的需求依附于他人，过分顺从他人的意志，要求和容忍他人安排自己的生活。对亲近与归属有过分的渴求，这种渴求是强迫的、盲目的、非理性的，与真实的感情无关。

悦然在成长过程中完全依赖父母，设法挣脱父母的庇护后，又被明显自恋又自负的女上司控制住。她讨厌女上司却无力摆脱对女上司的依恋；而她对婚姻的失望也在于丈夫对她的忽视，无法满足其依赖需求，这些都是较为明显的依赖型人格。

关于依赖型人格的成因，美国心理医生 M.斯科特·派克在其所著的《少有人走的路》中曾经直言不讳地说："不合理的给予以及破坏性的滋养，都有一个共同特征：给予者以'爱'作幌子，只是想满足自己的需要，却从不把对方心智的成熟当一回事。大多数为人父母者都会对子女的独特性视而不见，这样只能对孩子的成长造成误导，使孩子的内心充满痛苦。最终，父母在教育上功败垂成。"

悦然形成依赖型人格的原因显然就是父母事事包办代替的教养方式，这种教养方式剥夺了她的独立能力，使得她成年后仍然无法自主，缺乏自信心，总是依靠他人来做决定。当失去可以依赖的权威时，内心就充满痛苦，无所适从。

二、痛苦之源：理想我与现实我的冲突

人的自我可以分化为"理想我"和"现实我"两部分，当二者和谐统一时，人会感到幸福愉悦；当二者发生激烈地对立时，人就会自我折磨，自我否定，陷入痛苦焦灼的境地。

悦然不甘心在父母的庇护下生活，一心要挣脱父母的羽翼，在全然陌生的环境中靠自己的能力立足，克服对父母的依赖。她确实坚持了自己的选择，对工作，她选择全然陌生的环境；对婚姻，她选择的老公是不干涉她，能够给她自主空间的。

如果她心智成熟，人格足够独立，这样的选择无可厚非。问题是独立、自信只是理想中的她，现实中的她依赖型人格已经根深蒂固，所以，她被变态的女上司玩弄于股掌，支配了5年，连离开的勇气都没有；她因无法容忍老公对自己的不关心而对婚姻生活充满挫败感。

总之，她的"理想我"和"现实我"是严重背离、相互冲突的，这种冲突加剧了她内心的混乱，让她根本不明白自己到底想要什么，从而变得抑郁、焦灼、绝望。

三、化解之道：重建和谐的自我

悦然要摆脱痛苦，最需要做的是化解"理想我"和"现实我"的冲突，让二者相容，重建一个和谐的自我。一般来说"理想我"与"现实我"越接近，或是"理想我"是以"现实我"为基础发展而得者，个人的适应将越良好，生活也将越幸福。

在事业和婚姻的选择中，悦然寻求独立的步子迈得太大了，但缺乏与之相应的独立能力，结果是痛恨女上司又依赖她；希望老公不干涉自己又受不了他对自己的漠视，所以，她才会痛苦不堪。建议她放缓步伐，调整身心，接受依赖成性的自己，逐渐发展独立性，完成对自我的修复与整合。

首先，她急需做的一件事是辞职，摆脱对女上司的病态依赖，尤其要放弃那种"一旦我辞职，我的女上司肯定会疯掉"的幼稚想法，因为每个人都是独立的个体，谁离开谁都能活。女上司的行为方式只会加剧悦然人格的混乱，而悦然的委曲求全也会让女上司更加忘乎所以。

其次，在自己没有变得足够强大时，可以通过父母换一个工作，尽量在良好的人际氛围中，在理性而平和的上司手下工作，这样才能逐渐发展起独立型人格，获得工作中的成就感。

再次，悦然可调整对老公的期望值，从关心老公的角度换取老公的关心；从羡慕老公对女儿的疼爱的角度，表达出渴望被老公疼爱的意愿；不盲目排斥老公，而是持"欲取先予"之道和老公互相依赖，共享美满的婚姻。

最后，如果悦然目前还无法控制情绪，完成自我的修复，不妨求助于专业的心理咨询机构，接受系统的心理辅导。

我就像具木偶，被父母常年操控着

> 记忆中，我就好像是一具木偶，被父母常年操控着，被迫
> 按照他们的意愿生活，不能有自己的想法和主张。年少的我内
> 心充满压抑和愤怒，曾以离家出走、自杀等极端方式反抗过。

车老师：

小时候，我的父母感情失和，我和爷爷生活在一起，爷爷很疼爱我，妈妈因为和父亲的关系不好，也转移到爷爷那里。也许是因为婚姻生活的不幸，妈妈把我当成了发泄对象，经常打我。我不服，一副执拗的看不上她的样子，她恼羞成怒，更加死命地打我，扇我耳光。当时我才4岁多一点儿，内心对她充满憎恨，直到12岁时，她对我的态度略有好转，我对她的恨意却丝毫未减。

记忆中，我就好像是一具木偶，被父母常年操控着，被迫按照他们的意愿生活，不能有自己的想法和主张。年少的我内心充满压抑和愤怒，曾以离家出走、自杀等极端方式反抗过，最终还是死了对抗的心，麻木地随波逐流。

母亲活像一个广告牌，拼命告诉左右邻居，她能干，家庭也好。其实，我的家就像带盖的罐子，罐子里早腐烂发臭了，只是没开盖而已。我也像她一样，貌似正常，见人就打招呼，对人客气有礼，内心却是千疮百孔。我恨死她，恨死她周围的人，恨死所处的环境，我不知道，她不管我，是她不能活，还是我不能活？

26岁时，我最后一拼离开了生活多年的环境。日子依然艰难，我没有一技之长，每天都在为吃饱肚子操心。母亲还是想办法遥控我。

但是，在人生地不熟的异乡，我一下子觉得轻松了，因为没有人认识我，我不用带再戴着面具过日子。

现在，我已经 35 岁了，父母正慢慢老去，没有精力来管我。我终于获得向往已久的自由，可以支配自己了。可是，我却惊恐地发现：我的心智已停止成长，人生也迷失了方向，不知如何走完以后的路。

表面上看我很正常，其实内心自卑还自贱。因为父母从小就打击我的自信，他们认为自满是大敌；老板对我的苛刻，我认为正常，因为我没有过硬的本领，我也就值这么多钱。我不会保护自己的利益，更不会去争取，工作这么多年，没有一点积蓄。

此外，我经常觉得孤独。因为不愿让别人知道我的家庭背景，怕别人嘲笑，我像一头受伤的小兽，默默地舔舐伤口，很少打开心扉说话。这使我身边一直没有可以分担喜怒哀乐的好朋友，也始终没有找到可以托付终身的爱人，真是枉然在世 35 个春秋。

现在的我貌似自强地立在社会上，好累！我渴望有一个丈夫，一个自己的家。但我看不清自己的自身情况，也不知道客观上能找一个什么样的对象，内心也不知道想找一个什么样的丈夫。我想结识他，身心健康、有事业心、分析问题解决问题能力强，没有不良嗜好，喜爱我！您帮帮我吧！

沐沐

读沐沐的邮件，我的脑子里最先浮现出的是恩格斯在《英国工人阶级状况》一文中有这样一段话："一个没有时间照顾自己的孩子，没有时间让孩子在出生的几年中享受最普通的母爱的母亲，一个很少能见到自己孩子的母亲是不能成其为孩子的母亲的，她必然会对孩子很冷漠，没有爱，没有丝毫的关怀，完全像对待别人的孩子一样。在这样条件下长大的孩子，以后对家庭是没有丝毫眷恋的，他们在自己建立起来的家庭里也永远不会感到一点家庭味，因为他们太习惯于孤独的生活了……"

沐沐虽然父母双全，母亲也并非没有时间照顾她。可惜，母亲对待她的方式是将她当作痛苦婚姻的发泄品，操纵她、打骂她，将自卑自贱的种子根植在她心中，让她在已经成年、逃离父母的掌控之后，依然无法爱自己、无力经营友情和爱情，成为比较典型的爱无能。

借沐沐的邮件，我再次不厌其烦地呼吁，孩子需要温馨和睦的家庭，需要父母爱心的浇灌，如果不能给孩子的心灵注入爱，最好不要草率地要孩子，制造痛苦而混乱的生命。

具体到沐沐，她已经35岁，是独立的成年人，再去声讨父母已无意义，人们也不会因为父母之前对她的伤害就格外迁就她。所以，她想获得爱情和友情，想走好以后的人生，最关键的是自我调适，设法复苏自己爱的能力，重建自己的人生。关于这一点，我特别欣赏一个同类处境的女子在我博文下的跟帖，内容如下：

我的童年也坎坷得很啊，从小非打即骂，记得初中毕业填志愿时，妈妈在学校里上蹿下跳，把与这件事有关的人士骂了个遍。人家都当她是为我好，其实还不是为了她自己啊！非要我填中专，考上中专，学费不要，工作不管，她就只等着收钱了。那么大声地骂来骂去，不就是为了表现她多么能干吗？不就是为了满足自己的表现欲吗？后来，我明明考上了大学，为了钱还非叫我跟附近一个还算有钱的男的好，又可以甩包袱了。

有些父母并不具备爱的能力，所幸我一直坚持自己的主见，这也是她越看我越不顺眼的原因吧。后来挣了钱了，有了很多人都羡慕的工作，她还不满足，拼命说附近谁谁家女儿给自己家里多少钱，美金直接用箱子提回来。

我后来自学了心理学，现在不痛苦不伤心，我很好！如果没有很好的父母，我们就要学会做自己的再生父母。

是啊！如果没有很好的父母，我们最明智的选择是学会做自己的再生父母。好好地爱惜自己、振作自己、提升自己！只有自己好，才能让自己的人生变得好起来！

所以，我想对被自卑自贱情绪纠缠又急于嫁人的沐沐说：目前的你，无法对别人敞开心扉，一味地自闭自保，如何赢得友谊？收入微薄，自己都轻贱自己，如何吸引一个好男人来爱你、珍惜你？要知道，友情和爱情都讲究对等和"欲取先予"。

关于友情，最基本的原则是，你希望别人怎样待你，你就先怎样对待别人；关于婚姻，美满的婚姻大都建立在夫妻人格平等、经济平等的基础上，你既要求对方"身心健康，有事业心，分析问题解决问题能力强，没有不良嗜好，喜爱我"，你亦需具备与对方匹配的心智与条件。否则，即便是有这样一个优秀男人站在你面前，你也很难抓牢他。

沐沐，35 岁依然是女人灿烂丰美的华年，一切还来得及！与其将赢弱不堪的自己仓促地嫁出去，等待别人来拯救，不如静下心来，好好读书，从书中汲取智慧，提升自己的精神和人格，增强自己内在的力量；好好学得一技之长，让自己更沉稳更从容地立足于世。

"自爱者，人恒爱之。"当你变得足够强大和足够好时，生活中的美好才会次第开放，真爱也会随之而来。

想爱父母也爱不起来的悲哀

> 母亲对我不依不饶，这让我内心充满痛苦，忍不住想起
> 姐姐说的话，对母亲，我们确实是想爱都爱不起来，这是做
> 儿女最大的悲哀吧！

车老师：

两个月前，偶然间看到您的博客即被吸引，博文差不多看了个遍，又推荐给多个亲友。今晚，内心纠结得难受，忍不住写信给您。

我有一个幸福的家庭。老公英俊、能干且担当，2 岁多的儿子聪明可爱，本该幸福才是，可我并不……

一、做儿女最大的悲哀

我家兄妹 3 个，父亲去世多年，母亲小学文化，焦躁、多疑、自卑且任性，从小到大，她常常骂我没用，没想到，现如今我果真就这么没用，呵呵，真的好可悲。

母亲不善于处理人际关系，不但跟四邻处不好，同哥嫂关系也紧张，连跟姐姐都合不来。姐姐曾对我说过，对母亲，她是想爱都不知道该怎么爱。

我对这话不以为然，觉得只要有足够的耐心，就能跟母亲和睦相处。再说，母亲只有我们 3 个儿女，如果跟我再不好，晚年生活就没什么指望了。没想到，在母亲与我同住的日子里，我随便说出一句话，母亲都可以围绕这句话上下前后追溯很多，把问题搞得严重很多，气得我忍不住跟她吵架。有时，我出于好心劝她，她也会讽刺我，让我既害怕又自责。

而我在教育儿子的过程中，一旦力不从心，就会反思当年的自己，对母亲对我的负面影响耿耿于怀、不吐不快。她听了很生气，又对我不依不饶。这让我内心充满痛苦，忍不住想起姐姐说的话，对母亲，我们确实是想爱都爱不起来，这是做儿女最大的悲哀吧！

二、被自卑感笼罩的我

我性情单纯，与人为善，稍微有些文学功底，除了这些外，感觉自己一无是处。我虽对人很好，但不会经营人际关系，不懂得怎么跟人闲聊，朋友圈子很小。在公司，常常感觉被忽略，想对人示好，却不知该怎么做；想请人家吃饭，还担心遭人拒绝。有时候别人对我不公，我也要先内省，总觉得是自己先做得不对，活得好郁闷。

感觉自己在家做事慢，照顾孩子不周，身体也不是太好；对外，也不善交际，真的是感觉自己好没用。而老公正是事业攀登高峰期，且他为人义气，所到之地，口碑甚好，我感觉我们虽毕业于同一所大学，差距却越来越大。我经常为此伤怀、自责。

三、关于教育孩子的纠结

儿子即将两岁半。因为我深受家庭的负面影响，性格很失败。又知道0到3岁是孩子性格形成的黄金期，很想把儿子教育好，让他的人生有个良好的开端。

但我每周上班6天，早上8点走，孩子还未起床，中午只一小时，谈不上任何教育。晚上回去，差不多8点，他又要睡觉了。他活泼好动，有时候我的计划无法实施，我感觉自己这样耽误了孩子，一直在辞职和继续上班之间纠结。

尤其是当我了解了一些关于早教的理念后，感觉好可怕，我怕我的自卑、伤怀、自责等不好的性格特征复制给我的孩子。就像我知道孩子不能打，但是，今天晚上，看到他吃饭时到处跑，我又忍不住恶狠狠地打了他，情绪化的性格与我母亲像极了。

车老师，我不到30岁，打记事起，就沉浸在自卑的痛苦中，现在又深感孤独。无论家人对我多么好，总觉做人不完满。我想让自己做一个对人有用，受人欢迎的人。况且父母是孩子的榜样，我改变了，孩子才能好。我想改变这一切，却每每回到原点。我想，也许突破了自卑，其他问题就都解决了吧。诚心企盼您在百忙之中指点一二。

挣扎

挣扎说："也许突破了自卑，其他问题就都解决了吧。"这话有道理。她有出色的老公，可爱的儿子，稳定的职业，还将好端端的日子过得这么不快乐，很大程度上是源自自卑的心态。下面，我仅就她纠结最深的几个问题分析如下：

一、关于原生家庭的负面影响

挣扎父亲过世多年，母亲文化层次低且暴躁多疑，人格失调，这样的成长背景会给她的性格带来负面影响。成年后的她意识到这种影响的存在，并发现自己在教育儿子的过程中，正不由自主地复制着母亲对待自己的方式，内心惶恐而焦灼，加重了自卑、自责的情绪。

在这里，我想提醒她的是：原生家庭父母不良的教子方式会给孩子内心留下阴影，甚至让父母的不良性格在孩子身上延续，但这不是绝对的，更不是无法改变的。因为人的性格除了受家庭影响之外，还与遗传、个人受教育程度及个人主观能动性等诸多因素有关，再加上性格的可塑性，人若能意识到自身的性格缺陷，修复起来绝非想象中那么困难。

生活中，我接触过很多成长于暴力或者父母离异家庭的人，发现他们中相当一部分能通过努力，走出原生家庭的阴影，拥有成功的事业和幸福的家庭，让父辈的悲剧在自己身上终止，让自己的孩子拥有自己梦想中的家庭和快乐童年。

挣扎的问题在于夸大了原生家庭的负面影响，控制不住情绪时又迁怒于她的母亲。事实上，母亲仅有小学学历，她是大学本科；母亲丧偶并带着3个孩子辛苦生活，她有能干体贴的老公，稳定的职业和1个孩子。她的起点高出母亲很多，如果有决心并且肯努力的话，是可以修复不良人格，成为称职的母亲和妻子的。

只是在对待母亲的态度上，别钻牛角尖。因为母亲的性格与她特定的人生经历有关，到这个年龄再改起来很难，对母亲多点包容，不苛刻、不计较，也别揪住过往的伤害跟母亲理论，若能够与暴躁多疑的母亲安然相处，再接纳起自己来就不那么困难了。

二、如何看待孩子的教育问题

挣扎说："很想把儿子教育好，但因为工作原因很难实施教育计划，感觉自己这样耽误了孩子，一直在辞职和继续上班之间纠结。"

我觉得家庭教育对孩子最重要的影响就是"潜移默化"和"父母榜样"。父母若能和睦相处，给孩子一个温暖的家，孩子就会变得安全自信。父母如果生活有规律，事业稳定，在孩子面前始终慈爱平和，尊重孩子的独立性，舍得抽出点时间跟孩子像朋友一样交流，孩子就会变得开朗向上，不需要特别刻意教育。

生活中有些父母将全部期望寄托在孩子身上，终日对着孩子虎视眈眈，逼着孩子看书学习，因为很小的过失就对孩子打骂不止，如此做派，再优秀的孩子也会被父母整崩溃。所以，我反对挣扎在自己的心态自卑焦灼的情况下，盲目地对儿子进行严苛的教育。

尤其是孩子马上该上幼儿园了，这个阶段如果她专门辞职在家教子，很容易出现的问题就是：孩子在幼儿园辛苦了一天，她在家无所事事了一天，孩子回家后筋疲力尽，需要母亲的呵护和抚慰，她却忙着给孩子立规矩、教知识，把自己的想法强加给孩子，这很容易把孩子教成问题儿童。

可以的话，把精力专注于工作上，多体会工作的乐趣，少琢磨着怎样教育孩子。给孩子一个相对宽松的成长空间，与孩子相处时，多采用游戏娱乐的方式，善于发现孩子的长处，对孩子因势利导，千万别再出现打骂孩子的行为。控制不住自己时，可以离开孩子的视线，去打枕头、打沙袋。乃至看本好书，听听音乐都行，千万别揪着孩子不放，把孩子当作宣泄不良情绪的垃圾桶。

三、怎样摆脱自卑心态

自卑的心态每个人都有，但挣扎的自卑情结比较严重，建议她上网查阅一下美国临床心理学家阿尔伯特·艾利斯提出的合理情绪疗法(RET)。艾利斯认为，不合理信念有三个特点：

第一，要求绝对化，事事从主观愿望出发，常用"必须""应该"等字眼儿；

第二，过分概括化，以偏概全，认为自己一无是处或一味责备他人；

第三，糟糕透顶，悲观绝望，不能自拔。

挣扎的邮件中，这三个特点表现得非常明显。正是因为她心态自卑消极又过分求全责备，才将好端端的日子过得痛苦不堪。建议她把自己头脑中的不合理信念罗列出来，利用合理情绪疗法的 ABCDE 模型进行对照和梳理，客观评价自己，对待他人，走出自卑的泥潭。下面我仅引她的原话，利用 RET 理论进行分析和辩驳：

她说："小时候，她常常骂我没用，没想到，现如今，我果真就这么没用。"

辩驳：如果你真如你说的没用，那么优秀能干的老公怎么会把自己的一生交给你？公司的领导怎么会容忍你在岗位上工作那么久？你真以为他们是傻子，傻到连你有用没用都分不清？

合理的思维：正是因为你优秀出色有内涵，各方面足以与老公匹敌，他才肯给你稳定的婚姻，并且在你怀孕生子后一如既往对你好；正是因为你专业过硬，能胜任本职工作，领导才愿意按月支付薪水给你；正是因为你懂事体贴，母亲才愿意跟你同住。

建议：你绝非如你所想象的那么糟糕，你所拥有的是很多女人可望而不可即的。与其用自卑自贱的方式将自己击溃，不如为自己感到庆幸，多为自己喝彩，多对自己说："我多棒啊！有这么好的老公，这么可爱的儿子，这么得心应手的工作，我要快乐地享受这一切，加油！"依此类推，逐渐清除头脑中消极自卑的思维方式。

另外，也可读读奥地利精神病学家、现代自我心理学之父 A.阿德勒所著的《自卑与超越》一书。A.阿德勒认为：人类的行为都是出于自卑感及对自卑感的克服与超越。在《自卑与超越》这本书中，他描写了自卑感的形象、对个人行为的影响，个人如何克服自卑感，将其转变为对优越地位的追求，以获取光辉灿烂的成就。对于被自卑感长期笼罩的挣扎来说，也许这本书对她摆脱自卑情结能提供有效帮助。

父母为什么就不能活得明白点儿

我一直认为父亲很自私、很爱财，只要牵扯到钱的问题
就很敏感，从小就告诫自己要独立，什么都要靠自己。

车老师：

我家境不错，找了个我很喜欢但家里条件和我家很不般配的老公。
父母对此颇有怨言，经常数落我老公家里什么都不是，我听后感觉很
难过、很伤心，因为在我心中，老公是个潜力股，人聪明能干，只是
目前没有机会，只能这样。再说，我找他又不是因为钱，但父母一点
都不理解我，我又不敢对老公明说，只好两边周旋，处理好他们的关系。
去年一年都陷在此类纠葛中，觉得自己好累好累。

今年，我刚刚生完孩子，照顾孩子的重任肯定是由我父母来承担，
而我则落了个人闲心累的状态。有时，觉得我找个这样人家，连累得
父母和我一起受罪，有时，又觉得是父母不体谅我，没活明白，害得
我和他们之间的感情也受到了伤害。

目前，最棘手的问题是以后孩子上学的问题。我有两套房产，都
是父母帮我付的首付款，我还贷款买的；一套是我婚前购置，产权归
我，但房子由我父母住；另一套是我结婚时，父母给了我大部分首付款，
公婆给了三分之一，用我老公的名字购买的。没孩子前，我和老公住。
孩子出生后，为了方便照顾，我们就搬到父母这里。现在，我想用这
套房子给孩子换个学区房，方便孩子以后上学。然后，拿出 100 万在
郊区给他们买套舒适的房子。每次说到这个问题，父亲的态度就特别
不好，好像我占他多大便宜似的，我很伤心，觉得父亲一点儿都不站

在我的立场上考虑问题，总是给我找麻烦。

我一直认为父亲很自私、很爱财，只要牵扯到钱的问题就很敏感，从小就告诫自己要独立，什么都要靠自己。以后，我养活我父母，不需要他们的钱。可面对北京的高房价，以及我和老公目前的状态，我只能低头，痛苦不言而喻。

车老师，这个问题我该如何处理？到底是我出了问题，还是我父母出了问题？我该如果和父母处理好关系？盼复！

依依

依依说她父母"没活明白"，我特别赞同这句话，但凡活得明白一点儿，哪会那么看不上女婿，还拿出大部分首付款却以女婿的名义买房；哪会在女儿已经结婚生子后，还对女婿口出怨言；哪会在外孙出生后，自觉自愿地承担起照顾孩子甚至女儿、女婿的重任，却还落得个自私、爱财的恶名。

反正，女儿从小就决心要独立，凡事靠自己的；反正，女婿是个潜力股，人又聪明能干，就让他们自己设法买婚房，自己带孩子，自己购置孩子的学区房好了。他们两个可以像北京那对被人羡慕的"花甲背包客"那样，揣着毕生的积蓄，周游世界，安享晚年。何苦钱也掏了，力也出了，却落得一身的不是，害得女儿伤心难过、纠结不堪呢？

所以，依依的父母如果有幸看到这篇文章，我建议他们赶快将为两套房支付的首付款列个清单，告诉女儿、女婿，这是借给他们的养老钱，希望他们将来有能力的时候偿还，没有偿还之前，父母有权住在他们想住的房子里，拒绝女儿拿出100万为他们在郊区买房的孝心。

还有，赶快将女儿一家三口礼送出门，你们两老做个环球游的计划，优哉游哉地去享受生活算了。依依张口就能拿出100万，这样的气魄，离开了你们，一家三口断不至于流落街头，找个能干的保姆带孩子也不是难事，你们何苦这么不知好歹地硬守着女儿女婿一家，傻傻地出钱出力，不自量力地摧毁女儿独立的梦想，剥夺女婿展示才能的机会，又抢走他们独自带孩子的乐趣呢？女儿不骂你们骂谁？不怨你们又能怨谁？

曹雪芹在《红楼梦》中早就说了："痴心父母古来多，孝顺儿孙谁见了。"现在的儿女，别说孝了，啃老啃到骨子里，偏还振振有词，理直气壮地抱怨父母，父母若再不觉悟，那真是活该自找了。

依依，谢谢你这么信任我，我也很抱歉这么阴阳怪气地答复你，谁让你摊上这么一对"没活明白"的父母呢？劝他们多看几遍我这篇文章，以后活得清醒明白点儿，少惹你生气，好不好？

父母的悲剧在我的恋爱中重演

我从小就经常目睹他们吵架后，父亲动手打母亲的情形，经常为此痛哭流涕，甚至坐在教室里都提心吊胆，担心父母在家里吵架，害怕父亲又动手打母亲。

车老师：

我大专毕业，目前在一所培训学校供职，和男友于 2007 年相识并确定恋爱关系。他聪明上进，中专毕业后和朋友一起创业。回顾这四年一路走来的感情，有争吵也有甜蜜。对于我来说，每一次的争吵都在内心深处留下无法磨灭的痕迹，想起来就会隐隐作痛……

第一次争吵发生在 2008 年，我怀孕了，因大专还没毕业，只能选择不要。加上年龄小，对这种事一点经验都没有，吓坏了，哭着给他打电话。当时，他在另一个城市上班，接到我的电话立刻办好离职手续，第二天就赶到了我就读的城市。

他在学校附近租了房，陪我去堕胎。在医院做完手术后，我哭得很凶，像个任性的孩子，一直指责他。因为是他说安全期不会怀孕才让我受到这样的伤害。医生劝我别哭了，说这样哭对身体不好，以后要学会保护自己。医生走出房间后，我依然对着他吵闹不止，他哭着求我别闹了，说对不起我。现在想起那一幕都觉得好心酸。其实他心里也不好受，只怨我那时太不懂事。

那段日子，我俩的压力很大，房租高，他一时又没有找到工作，我每个月只有农村父母给的 500 元生活费。他是我的初恋，我也不太会与男人相处，虽然不是特别无理取闹，还是经常拿出怀孕这件事怪罪他，满腔怨恨地跟他吵。

有一天，我无意中看到他与女网友暧昧的聊天记录。那个女的是他以前的同事，他竟然在QQ上叫她宝贝，他说是想要向那个女的借钱才跟她套近乎，尽管后来并没有开这个口。

我们为此大吵了一通。要命的是，我气急时先动了手，他一开始时还忍耐，后来也被激怒还手了。当时我有多气愤，他应该就有多愤怒吧。其实，我根本没有多大力气，也很难打疼他，却打伤了他的自尊。他动一下手有多疼自己心里清楚。他说我是轻捶讨重打，意思是他也知道我没有打疼他，他却打疼了我。

我本是个温柔幽默的女子，酷爱阅读、英语、听音乐，人际关系也很好，加上身材匀称、皮肤光洁，整个人还是蛮自信的。但每次吵架急了就忍不住跟他动手，落得个两败俱伤的结局，既毁了自己的形象，事后还会陷入无休止的自责和悔恨中。

他外在条件并不是很优秀，只有165cm，但头脑聪明，有上进心，只是有点大男子主义。最近，我一直反思自己先动手的原因，很大程度上是受我父母的影响。在我们老家，别人都知道我父母经常吵架甚至动手的事情。我从小就经常目睹他们吵架后，父亲动手打母亲的情形，经常为此痛哭流涕，甚至坐在教室里都提心吊胆，担心父母在家里吵架，害怕父亲又动手打母亲。

没想到，20年后的今天，父母的婚姻悲剧却在我的恋爱中重演了，不同的是，每次都是我先动手打他。车老师，我该怎样更健康、更正确地对待这份感情？

Nancy

心理学研究早已证明：原生家庭对个人性格起着至关重要的作用，对个人的生活乃至婚恋、情感会产生深刻而持久的影响。Nancy的邮件为上述结论再次提供了强有力的佐证。幼时的她为父母的争吵打斗提心吊胆，恋爱后却不由自主地复制父母的相处模式，控制不住地对男友发火动手。

庆幸的是 Nancy 能意识到自己的不良情绪，有控制和改变自己的愿望。她需要做的是在自我反省和自我觉察中疏通情绪管道，努力阻断"原生家庭"残留在她生命中的负面情绪，使自己和男友的恋情变得更和谐、更健康。要达到这一目标，可以从如下角度做些努力：

　　首先，通过阅读，加深对自己负面情绪的认知和了解，不妨读读波图·乌沙莫博士所著的《家庭系统排列入门》和 M. 斯科特·派克所著的《少有人走的路》等书籍。对照书中所说，找准自己情绪的原点，弄清楚负面情绪的来龙去脉，通过有意识地觉察和反省，提高情绪管理能力，让自己努力成熟成长。

　　其次，以父母为镜，提醒自己不要重蹈覆辙。父母争吵打斗了一辈子，收获的是酸楚晦涩、两败俱伤的人生，也让孩子内心伤痕累累。既然自己深知其害、深受其苦，当然要保持一份清醒和警觉，时刻提醒自己小心，千万别让父母不理性的相处模式侵蚀自己的恋爱，延续到自己的婚姻生活中。

　　再次，在负面情绪(指责、抱怨、愤怒等)初露端倪时，不要忙着把锋芒指向男友，而是通过看书、听音乐、打沙袋、用橡皮筋痛击手腕等方式转移注意力，等内心安宁了，再冷静分析，这个负面情绪因何而起？把它宣泄给男友将引发什么后果？这个后果是自己希望的还是不愿意看到的？如果不向男友宣泄的话，更理性更适合的化解之道是什么？多进行此类思考和训练，渐次减少负面情绪发作的频率，到能够自如控制为止。必要时，可向男友求助，让男友履行监督和灭火职责。

　　Nancy，"各相责，天翻地覆；各自责，天清地宁"，既然你已从父辈的悲剧和自己的切身体验中明白相责的路在两性关系中走不通，并且迈出了自责的脚步，那就用心走下去，通过持续的自我反省和自我修炼，让自己的心智更成熟，人格更健康，能够以宽容、赏识、尊重、友好的方式与男友和谐相处，让你们的恋情更甜蜜，未来的婚姻生活更美好。

想到无法离婚的母亲，心如针扎般的痛

> 我特别恨父亲，恨不得用绳子把他绑起来，帮母亲狠狠
> 打他一顿，让他记住，永远都不要再犯这样的错误。

车老师：

我是一位孩子的母亲，今年 33 岁。俗话说"家丑不可外扬"，但为了避免在不幸婚姻中挣扎的女性重蹈我母亲的悲剧，我还是忍不住在这里自曝家丑。

母亲今年 55 岁，父亲 59 岁。父亲也是"花心群体"中的一个，他别的什么都好，唯独频繁出轨这一点很难改。从我记事起，他们就经常为此事吵架。那时候没有发廊小姐，父亲也没有钱，可他总能在身边找到臭味相投的女人。每次母亲和他争吵后，他能收敛一段时间，很快就故技重施。

年幼的我们特别害怕看到他们吵架，害怕母亲会在没人时寻死。有时候都不敢去上学，生怕放学后回到家里再也看不到母亲。每次母亲都会再三保证，她一定会好好活着等我们放学回来，我们才敢放开母亲的手去学校。

我特别恨父亲，恨不得用绳子把他绑起来，帮母亲狠狠打他一顿，让他记住，永远都不要再犯这样错误。可我毕竟是女儿，不能这样做。况且，即使我真这样做了，他也改不了。每次他都说："爸爸一定改！一定改！"过不了多久，他仍会好了伤疤忘了疼。一而再，再而三地去犯错。在这件事情上，我对他已经没有一点信心。

何况，父亲一天天老了，看到他苍老的样子，我已不忍责备他太

多。我想他也是"身不由己"。只是可怜了母亲,每次看到她伤心落泪,我总是焦急万分,却找不到更好的解决办法。前段时间母亲说到了离婚,因为我们反对,最终她也没能下得了决心。

作为女儿,我是自私的,不考虑母亲的感受,只想有一个完整的家庭。我常常对母亲说,无论父亲犯了多大的错,哪怕他是个杀人犯,他仍然是我的父亲。哪怕等到女儿变得再老,仍然希望有家、有母亲、有父亲。

母亲的一生就这样过来了,坎坎坷坷,没有得到丈夫应有的尊重。母亲常说自己命不好,跟了一个有毛病的男人,只能痛苦地忍受一辈子。她千百次地后悔,当初为什么不早早做出离婚的选择。

直到我结婚生子后,才真正体会到母亲一辈子的痛苦。想到无法离婚的母亲,心如针扎般的痛。为母亲难过,心疼可怜的母亲。作为女儿没有能力为母亲改变现状,只能加倍体谅母亲、孝顺母亲,让她可以在子女的身上得到些许慰藉。

希望那些被花心男人折磨得疲惫不堪的女人能趁早离婚,早日寻找属于自己的幸福。

生活中有很多类似的母亲,被不良丈夫伤得体无完肤、千疮百孔,但禁不住孩子的威胁和眼泪,在痛苦的婚姻中隐忍一生。假如她们的牺牲,能换来孩子的幸福也值,问题是,置身于凄苦万状的婚姻中,她们通常连自己的情绪都无法控制,如何能护佑着孩子好好成长?

就比如上文中的这位女子,父亲夜不归宿、频频出轨,母亲以泪洗面、寻死觅活。年幼的她貌似父母双全,实则战战兢兢、如履薄冰,连上学都担心母亲会轻生,在这样的家庭中成长,何言快乐轻松?

即便如此,这位女子阻止母亲离婚的心意却甚坚,理由是"无论我的父亲犯了多大的错误,哪怕他是个杀人犯,他仍然是我的父亲。哪怕等到女儿变得再老,仍然希望有家、有母亲、有父亲"。

正是这个貌似理直气壮实则荒唐无比的理由,剥夺了母亲离婚的权利,将母亲的一生浸泡在婚姻的苦海中。我感谢成年后的她敢在我的博客中坦诚自己对父母不幸婚姻的理性思考。

借这个帖子，我想澄清女人们关于婚姻的一个误区，就是："为了孩子，再苦再难都不能离婚。"我的观点是："为了孩子，不幸福的婚姻越早离越好。"因为真正影响孩子人生的，是父母的素质，而不是他的婚姻状况；孩子真正需要的不是父母貌合神离的婚姻，不是硝烟弥漫、充斥着暴力和泪水的家庭，而是父母发自内心的、能带给孩子安全感和归属感的爱。这样的爱，有双份，最好！假如不能够，有一份也行。

因此，我再次奉劝那些不小心嫁给频繁出轨、暴力成性、吸毒成瘾的男人而备受折磨的女人，为了孩子的健康成长，为了自己的人生幸福，一定要趁早带着孩子离婚。

父母不爱我，为何还要生下我

> 她泪流满面地问我："妈妈不是慈爱的象征吗？为什么我的妈妈给予我的是数不尽的伤害？为什么我那么厌恶妈妈却又止不住地一次次想家？"

一、痛哭流涕的女孩

寒假前夕，一个眉清目秀的女孩找到我，长达一个小时的交谈中，有一半的时间，她痛哭流涕，哽咽得说不出话来……

她自小丧父，寡母通过卖菜，摆地摊，擦皮鞋、修理皮鞋把她和弟弟养大。她知道母亲的辛苦和不易，却受不了母亲的粗俗与残暴。在她的记忆中，母亲大部分时间都处于暴怒状态，对她和弟弟非打即骂，她经常拖着被母亲打得青一块儿、紫一块儿的身躯去学校读书，在母亲恶毒的不忍卒听的骂声中含泪入眠。

庆幸的是，母亲没有逼她辍学打工，在读书缴费上没有为难过她。高中阶段，她闷头苦读，心中最强烈的愿望是考到离家最远的大学，再不看母亲那张暴虐粗俗的脸。高考成绩揭晓，她的成绩与二本无缘，在她的家乡东北地区报个三本或者高职院校很容易，她却把所有的志愿都锁定在海南的高校，最终被我们学院录取。她说选择海南的唯一理由是离家远，可以名正言顺不回家，不见妈妈。

她以为她很坚强，她以为到了大学她就真的不再需要母亲。可是，在大一的第一个寒假前夕，在身边同学边忙碌考试边购置特产，沉浸在要回家的喜悦中时，那种有家难归，有妈却不愿意面对的凄惶和伤痛还是把她击中了。

她泪流满面地问我："妈妈不是慈爱的象征吗？为什么我的妈妈给予我的是数不尽的伤害？为什么我那么厌恶妈妈却又止不住地一次次想家？大学三年，我到底该不该回家？"

二、内心凄惶的女强人

用世俗的标准衡量，她拥有的很多东西都让人羡慕。比如说，38岁就拥有一家利润丰厚的公司，住着别墅，开着豪车，雇了保姆和家教帮忙照顾5岁的儿子，走到哪里都光鲜亮丽。

但她不快乐，一点儿都不。她说物质上的富足填补不了内心的空虚。她的心自小就有个黑洞，以为靠金钱和物质能够填满，她才拼命努力，但真正拥有了富足的物质生活，那个黑洞却变得更大了。

她母亲因为生她难产而过世。父亲不愿意面对这个夺走自己妻子的小生命，她一落地就被外婆抱走，在外公外婆身边长到15岁，要读高中了，挚爱她的外公外婆却相继离世。葬礼上，她多次哭晕过去。

世间最疼她的两个人都去了，她不得已迈进父亲和继母的家门。父亲严苛，待她冷酷粗暴，打她不分场合，随便拿个什么东西就抡过来了。继母貌似和气，实则虎视眈眈地盯着她，捏到她的错处就到她父亲那里添油加醋，再幸灾乐祸地看她父亲对她施暴。连同父异母的弟弟也一味找茬儿跟她作对。

为了在这个陌生又充满敌意的家中活下去，她小心翼翼、夹紧尾巴、屏气凝神，如影子般的降低自己的存在感。直至考上北京的一所重点大学，她才如释重负，独自背着行囊远行。

大学期间，她从不开口问父亲要学费和生活费，他主动给的，她一笔笔记下，不足的，她靠打工填补。她再没回过父亲的家，早早学会了一切靠自己。

毕业后，她咬牙创业，从办公司到恋爱、失恋、结婚、生子、老公出轨、离异，所有的人生大事都自己扛，痛到无法呼吸也想不起来跟父亲诉说。尽管事业越来越成功，当初父亲支付的学费和高中三年的养育费她早就加倍奉还，但骨子里，她认定自己是无家可归的孤儿，内心的漂泊无依一直如影随形。

她说，她最怕过节，怕从书本中看到父亲母亲之类的字眼，怕从电视上看到父慈母爱，一家人其乐融融的场景，每次看到出嫁的女儿回娘家后偎在妈妈怀里撒娇的画面，她的心都如针刺般的痛。她还说，她最恨的是父亲，既然对她那么排斥，那么无情，那么下得了狠手，当初为何还要把她带到人世间？有父亲却无法享受到父爱的苦，有伤痛却无处诉说的悲，有家却不愿意回也回不去的惨，她尝够了。

她目前最大的心愿是把爱能给足儿子，让儿子在她温暖的笑脸中安全地长大，让儿子不再承受那种内心漂泊无依、寂寞凄惶的感觉。但是，她又绝望地问我："我根本没享受过父母之爱，之前嫁的男人又花心负情，不曾给过我疼爱。我内心一片黑暗，常被负面情绪笼罩，这样的我，拿什么来爱儿子，让他快乐无忧的长大？"

三、父母强加给孩子的令人发指的爱

我之所以把上面这两个故事整理出来，是因为最近我在读一本杂志的合订本。这本书辑录的近五年所刊登的演绎骨肉亲情，讲述人间大爱的精华文章，有些温润如玉，读起来的确暖心动人。但有一部分文章编造痕迹明显，对于亲情的解读牵强荒谬得离谱，结论又惊人的雷同。大都是先用种种事实历数自己饱受折磨，充满泪水的童年，控诉父母的粗俗残暴，诉说自己对亲情的疏离和痛恨，却在结尾处，在父母都离世之后，笔锋一转，很矫情很虚伪地写道："原来父母打我是为我好，骂我是怕我学坏，暴力成性是因为生活的重压需要在我身上发泄，对我不理不睬是怕把我惯坏……原来，父母一直都以他们的方式爱着我，只是，我一直没明白，也没有读懂过这份爱……"

说实话，每每看到此类结论，我都毛骨悚然，都愤怒得要命。因为我从此类文章中嗅不到一点爱的气息，读出的是一个个不良父母的暴行，一个个孩子的斑斑血泪和被扭曲的人生。家能传递爱，也能传递恨；父母能爱孩子，更容易伤孩子。而来自父母的伤害偏偏又是孩子最无力防范又无力阻止的，那种伤害渗入骨髓，让孩子痛彻一生，甚至延续到孩子的婚姻家庭中。可恨的是，家长们对此却浑然不觉，还沾沾自喜地叫嚣着："打是亲，骂是爱，不打不骂不成材。"可悲的是，惨遭荼毒的孩子还打着"爱"的幌子为此类父母涂脂抹粉，歌功颂德。

　　我想说："打不是亲，骂不是爱，打骂孩子是变态，也是违法违人伦违背孩子天性的，请不要把这种残忍的令人发指的暴行以爱的名义强加给孩子！"

离异家庭孩子痛彻肺腑的呐喊

> 孩子仅有一次的人生不是用来陪你流泪和受罪的，假如孩子注定要痛苦过一生，还不如没来到这个世上的好！

车老师：

我是一个在不幸福的家庭里长大的孩子。从我记事起，父母就吵吵吵，一直吵到我大学毕业他俩才离婚。幸运的是，母亲很爱我。之后，我按部就班地工作、结婚、生子，一切看起来都很顺利，可是我的内心一直都很自卑很悲观，遇事容易冲动，总是看到事情的阴暗面。

我经常在想人活着有意义吗？从出生到死亡，生不带来什么，死也带不走什么，最终只是在消耗地球上的资源而已。我发自肺腑地、由衷地说："我真的真的不希望来到这个世上，童年的阴影已经进入我的思想、我的性格，一辈子都甩不掉。"

看到您的一些博文中，妻子怀孕几个月，孩子都成形了，老公却在闹出轨、闹离婚，我就忍不住想劝这些痛苦的妻子放弃腹中的孩子。也许，有些人会说我的建议残忍，不珍视孩子的生命，太没道德了。但作为一个深受其害的过来人，我忍不住要问："不能给孩子一个完整的家，不能给孩子一对心态健康的父母，把孩子生下来却带给孩子一生的痛苦，就是高尚的吗？"

尤其是向您求助的那些女子，她们自己已经伤痕累累、心力交瘁，被出轨老公折磨得生不如死了，怎么可能培养出一个阳光快乐、健康向上的孩子？把孩子生下来却不能给他一个完整的家、一个幸福的童年，这才是真正意义上的残忍吧？

何况，不幸家庭的孩子面对的不仅仅是父母，还有亲戚朋友和同学的眼光。因为父母离婚，两方家人反目，周围人对此添油加醋、指指点点、议论纷纷。这些都是无辜的孩子必须承受的。虽然我的父母离婚多年，到今天我还在承担着他们离婚的后果。

也许，那些有幸拥有心智健全、品行高尚的父母，从小在父慈母爱的环境中成长的孩子理解不了我说的这些，但我可以很负责任地说，我说的都是真的。而我的切身经历让我忍不住通过您的博客奉劝大家："婚姻需慎重，别随便结婚，更别轻易离婚；假如婚姻不幸福，就别草率地生下孩子陪你一起痛苦，孩子仅有一次的人生不是用来陪你流泪和受罪的，假如孩子注定要痛苦过一生，还不如没来到这个世上的好！"

车老师，我的观点对吗？

海亦

海亦的帖子让我突然想起2013年3月23号晚《非诚勿扰》的一位男嘉宾，他仪表堂堂，性格看起来也很温厚，但47岁了仍未结婚。女嘉宾和主持人都很关心他偌大年龄却无婚史的原因。从他本人自述中了解到，他童年在父母的争吵中度过，邻居都会来围观他父母打架，母亲很强势，这影响了他的爱情观，每次恋爱失败都要休整3到5年，第三段恋情失败后整整8年未再谈及感情。尽管他坚信他这个年龄的男人"无论从心理上还是经济上，都已经做好了结婚的准备，所以我选择在自己成熟的时候，能够承担婚姻责任的时候去结婚"，但从他不太现实的择偶观和黯然离场的结局来看，原生家庭父母的争吵给他的伤害及对他婚恋的负面影响依然存在，他若不能清除这种影响，强大自己的内心，依然很难背负起婚姻的责任。

47岁仍未结婚的男嘉宾和海亦发自肺腑的金玉之言都让我们意识到原生家庭对孩子的致命伤害和影响。为不辜负海亦发帖的苦心和信任，我选几句给我印象至深的话加以点评：

1.婚姻需慎重，别随便结婚，更别轻易离婚这段话让我想到"股市有风险，入市须谨慎"。在我看来，婚姻的风险远甚于股市，婚姻不幸福，人生一半的支柱就坍塌了。对待婚姻粗疏草率，甚至视若儿戏，害的不仅仅是自己，还有配偶、孩子和双方的家人。

要想拥有好的婚姻，婚前选择要慎重，要擦亮眼，睁大眼，争取选对情投意合的伴侣；在相知相许、两情相悦的基础上再牵手婚姻；婚后要用心经营，以爱、信任、尊重和包容之心细密地守护好婚姻，患难与共，相濡以沫，执子之手，与子偕老，这才是我们对待婚姻应有的态度，也是规避婚姻风险的必由之路。

2.假如婚姻不幸福，就别草率地生下孩子陪你一起痛苦，孩子仅有一次的人生不是用来陪你流泪受罪的

弗洛伊德说："自幼享受充分母爱的人，一生充满自信。"与之相应的，自幼生活在残破家庭、暴力家庭和飘摇动荡家庭的孩子，一生都自卑、绝望，对亲情疏离，对尘世悲观，这种伤害渗入骨髓，与人如影随形，相伴一生。所以，每个准备受孕做母亲的女人都不妨多读几遍海亦关于不要草率生下孩子的这段话。

生活中，有多少女人在稀里糊涂、懵懵懂懂状态下怀孕，根本不晓得母亲两个字如何写，有些甚至把孩子当作谋求上位，取悦老公或者任由自己宣泄的工具，有多少怨妇打着为了孩子的幌子拼命不离婚，却又坐困愁城，一辈子不长进，既给不了孩子幸福，又拢不住老公的心，就只拿孩子撒气，动不动就对着孩子哀号："都是你这个讨债鬼害了我，要不是你，我早就……"

孩子何辜啊？孩子何辜？

孩子仅有一次的人生不是用来流泪的，不是陪着父母受罪的。假如对婚姻没有信心，假如无法给孩子提供父慈母爱，健康和睦的环境，假如无力对孩子负责到底，千万别草率地要孩子。

3.尤其是向您求助的那些女子，她们自己已经伤痕累累、心力交瘁，被出轨老公折磨得生不如死了，怎么可能培养出一个阳光快乐、健康向上的孩子

这段话说得太精辟了，父母是孩子的榜样，孩子是父母的影子，孩子对父母是有样学样的，在婚姻中饱受创伤的怨妇们自己的情绪都控制不住，爱自己的力气都没有，拿什么来爱孩子？自己的人生都一团糟，如何给孩子一个光明的未来？

面对被出轨老公折磨得痛不欲生的孕期女子的求助，我无权告诉她们是否该留下腹中的孩子，但我总会耐心地说："假如真舍不下孩子，就要掐灭对老公的依赖，就要苦累自己担。就要为了孩子让自己强大，让自己内心温暖，让自己独立和坚强，让孩子从母亲身上感受到爱、坚强和力量。"可这话说起来容易，有几个女人能做到？有多少不幸家庭的孩子一生面对的都是母亲忧怨愤懑的脸？

4.我真的真的不希望来到这个世上，童年的阴影已经进入我的思想、我的性格，一辈子都甩不掉。也许，那些有幸拥有心智健全、品行高尚的父母，从小在父慈母爱的环境中成长的孩子理解不了我说的这些……

海亦，我绝对理解你说的这些。我也一直认为，来自原生家庭的伤害是孩子最无力防范又无力阻止的，那种伤害渗入骨髓，让孩子痛彻一生，甚至延续到孩子的婚姻家庭中。所以，貌似顺利的你内心的那份凄惶和绝望我都懂，但我从你痛彻肺腑的呐喊中也读出了你的大爱和善良。相信，这样的你必定不希望你的孩子重复你走过的路，经历你承受过的苦。既如此，就强大自己的内心，用爱和责任驱散心头的阴影，努力让自己和配偶成为"心智健全，品行高尚的父母"，成为孩子可以依赖的大树，让父辈的悲剧在自己身上终止，让你的孩子在父慈母爱的家庭中沐浴着阳光好好长大，让一份健康明朗的爱通过你在你和孩子的家庭中延续下去。

第二篇　父母的焦灼与困惑

宝宝为什么总喜欢亲我

> 我的小孩1周岁了，这段时间她特喜欢亲我。下班回家
> 手没洗，衣没换，就跑来让我抱，亲完我的脸，还要扑到我
> 的胸前亲几下。

车老师：

我的小孩1周岁了，这段时间她特喜欢亲我。下班回家手没洗，衣没换，就跑来让我抱，亲完我的脸，还要扑到我的胸前亲几下。每一下都响响的。我这个当妈的当然满心欢喜啦，这是她对我爱的表达方式。是否我给女儿的爱不够？我担心呀。小孩子的心里想的是什么？请给我分析一下，谢谢！

这封邮件反映的是婴儿对母亲的依恋心理。下面，我结合依恋理论，对这位母亲的问题进行解答。

一、婴儿的依恋心理分析

依恋理论是英国精神分析师约翰·鲍尔比提出的。该理论认为父母是孩子最早的、也是最重要的依恋对象。正是在早期与父母的交往中，孩子逐渐形成了自己的依恋方式，并在此基础上形成一种有关自我和他人的"内部活动模型"，决定儿童与其他个体之间关系的特质。也就是说，儿童与其直接监护人（通常是母亲）依恋关系的特质对儿童的社会性及情感发展起着极为重要的作用，会影响儿童与其他成人、同伴的社会关系。

在鲍尔比看来，依恋系统在实质上是要"询问"这样一些根本性

问题：所依恋的对象在附近吗？他接受我吗？他关注我吗？如果孩子察觉这个问题的答案为"是"，则孩子会感到被爱、安全、自信，并会从事探索周围环境、与他人玩耍以及交际的行为。如果孩子察觉到这个问题的答案为"否"，则孩子会体验到焦虑，出现各种依恋行为。从用眼睛搜寻到主动跟随和呼喊，这些行为会一直持续下去，直到孩子重新建立与所依恋对象的足够的身体或心理亲近水平，或者直到孩子"精疲力竭"，后者会出现在长时间的分离或失踪的情境中。

生活中有些典型例子可以佐证上述理论，比如当孩子玩玩具的时候，他会时不时地回过头来，看一看母亲是否在身边。当母亲在他视线范围内时，他会很安心地玩耍；当他突然发现母亲不在身边时，他会放下手中的玩具转而去寻找母亲。

据研究：随着婴儿和父母交往的增多，约在4个月后他（她）对父母的笑就会比其他人多，但此时对父母的偏爱还不明显，亲子关系尚不稳定。6到8个月时，大多数婴儿都形成了对父母特殊的、明显的依恋，建立了稳定的亲子关系，同时对陌生人产生恐惧。还有，6个月到1岁半，是孩子在情感上最依恋母亲的阶段，孩子需要母亲的怀抱、亲吻，需要与母亲皮肤接触。离开几个钟头就像离开了很久，一见面就让妈妈抱抱，喜欢妈妈亲亲等，以便获得安全感。这位发邮件的母亲，她的孩子见到她下班回来，就欣喜地扑上去，向她索抱并主动亲吻她，表达的就是对她的依恋之情，是符合孩子年龄特点的正常反应。

二、父母要满足孩子的依恋需求

对于1岁左右、正处于对父母特别依恋阶段的孩子来说，他们特别需要父母精心地照顾与密切接触。父母不吝啬自己的爱抚，多抱孩子，多亲吻孩子，多跟孩子交流，经常用言语、动作、表情和姿态让孩子体会到父母的爱，对于孩子形成安全依恋是很关键的。这种依恋可使孩子在活动中有安全感，使他能在不同的环境中去探索，有利于孩子的心理、智力发育。而且，儿时的安全依恋还将导致一个人在成人后对人信赖、自我信任，并能成功地依恋自己的同伴和后代，与人们形成良好的人际关系。

　　假如，在孩子依恋发展的关键阶段，父母忙于工作，把他丢给保姆或者年迈的爷爷奶奶照管，孩子容易把依恋情结转移到保姆或者爷爷奶奶身上，跟父母产生情感隔膜，这种隔膜很难消除，会让孩子和父母痛苦一生。

　　关于这一点，心理学家曾做过一个经典实验：刚刚出生的小鸡，如果把它放到鸭妈妈的身边，它会一直跟着鸭妈妈，并且视鸭妈妈作母亲。当依恋形成，再把它送回鸡妈妈的身边，它和鸡妈妈会很疏离。这个实验告诉我们，生命体在成长的最初阶段，对母亲有着特殊的亲近和期待，这种期待也是对安全感的一种本能渴求。被父母极度漠视，缺少关爱，无法形成安全依恋的孩子，不但食欲不振、智力发育迟缓，还会出现咬手指、啃玩具、哭闹不安等行为，甚至出现用头或身体乱碰撞等异常行为，这就是心理学家所说的"皮肤饥饿症"。因此，父母一定要多和幼小的孩子相处，满足孩子的依恋需求，为孩子健康成长奠定基础。

　　发邮件给我的这位母亲，她的女儿活泼可爱，对她有较强的依恋心理。她可能因为工作忙，孩子一天中能够见到她的时间短，所以，孩子非常主动地表达对她的亲热之情，建议她不管再忙，也要多抽点时间跟孩子交流，主动抱孩子和亲吻孩子，给孩子安全感。当然，要洗净手，换上干净舒适的家居服后再跟孩子亲热，这样更有利于孩子的健康。

　　给这位女子的答复可以告一段落了，下面是结合本文内容，对收养地震孤儿的好心人的一个建议。

　　三、谨防地震孤儿患上"设施病"

　　2008 年 5 月 12 日发生在四川汶川的大地震，让很多孩子在一瞬间变成了孤儿。他们的命运牵动着无数善良人的心。很多人都表达了收养孤儿的愿望，希望通过自己的努力，让孤儿能过上幸福快乐的生活。那么，在地震中丧失亲人的孤儿最渴望的是什么呢？我们可以看看下面这个例子：

第二次世界大战后，德国出现了许多孤儿。德国政府把这些孤儿收容在一起，为他们提供了很好的生活和教育条件，包括一流的设施、优秀的大夫和老师，希望给这些失去亲人的孩子以最好的成长环境。然而，与这一良好愿望相反，这些孩子胆小、焦虑、多病，其身心发展水平远不如那些物质条件不足但父母双全的孩子。为什么会出现这种情况呢？政府对此百思不解，经过反复比较，终于发现：因为这些孩子缺少父母之爱！他们给这种情况起名"设施病"，意为孩子们缺少比设施更重要的东西——母爱。

从上述例子可以看出，对于痛失亲人的孤儿来说，他们最需要的还是跟收养他的人建立安全依恋，得到精神上的抚慰和安全感。也就是收养人不只为他提供生活费和教育费，满足他的物质需求，更重要的是发自内心地爱他，多跟他进行情感交流，给他安全感和自信心。假如收养人只注重物质付出，漠视他的情感需求，容易使这些孩子也患上"设施病"。

所以，要驱散地震孤儿内心的伤痛和心头的阴影，让他快乐健康地成长，避免"设施病"的困扰，社会福利机构和收养人都要注重真情实感的投入，用"爱"慰其心，用"情"疗其痛。

一岁多的儿子为何爱打人

我儿子现在1岁8个月，特别爱打人。他不如意时，就喊着"打妈妈""打奶奶"之类的话，举起小巴掌就打。

车老师：

我儿子现在1岁8个月，特别爱打人。他不如意时，就喊着"打妈妈""打奶奶"之类的话，举起小巴掌就打。有时，和别的小朋友一起玩，毫无征兆地就打人家。别的小朋友被打哭了，他还一脸无辜的样子。最近更严重了，有时候还会扬着小脚，喊着"踢踹"。

我白天上班，由婆婆看孩子。婆婆以前的观点是"打人总比被打强"，是不是婆婆以前教过，我也不清楚。但是，现在我和婆婆的观点一致了，都在教育他不要打人。耐心地说教、打他的小手、不和他玩，我试过好多方法，可是收效甚微。我应该等他大一点再管呢，还是应该采取什么方法教育他呢？望老师指点迷津。

九九妈

九九妈提及的孩子打人行为，在心理学中被称作是攻击性行为，这种行为在不同年龄段的幼儿身上都有或多或少的表现，值得家长关注。下面是我的答复：

一、幼儿攻击性行为的心理原因

攻击性行为指他人不愿接受的出于故意或工具性目的的伤害行为，表现为打人、推人、踢人、抢别人的东西、言语中伤等。攻击性行为一般分为两类：敌意的攻击和工具性的攻击。敌意的攻击是有意伤害别人的行为，而工具性的攻击是为达到一定的非攻击性目的而伤害他人的行为。比如，一个女孩故意打一个比她漂亮的女孩是敌意攻击；如果这个女孩是为了抢夺漂亮女孩手中的糖果而打她，则属于工具性攻击。

攻击性行为是儿童社会性发展过程中一项重要的内容，不同年龄段的攻击行为性质是不同的。关于1~2岁左右孩子的攻击性行为，有位心理学家曾做过这样的描述："孩子在一岁半到两岁多的某一阶段，特别喜欢打人。对他来说，这是个游戏，他不知道打人是怎么回事和带来的后果。"也就是说，这个阶段，孩子的攻击性行为不是敌意攻击，与孩子的品格也没有必然联系，更多的是工具性攻击，是为了达到某种目的而发生的行为。

关于1~2岁孩子攻击性行为产生的原因，概括起来，大致有如下几点：

（一）为了满足好奇心和探索欲

1~2岁的幼儿对新事物有无限的好奇心和探索欲。他们通过对环境的积极探索，扩大自己的世界并逐步树立自信心。比如：当他们发现可以凭借双腿在家里自由走动时，就会好奇地走遍角角落落，东摸摸、西看看；当他们发现自己可以用手打别人时，也很好奇，一次次地通过打来验证自己的能力，试探成人的反应。此时孩子发生以打人为主的攻击性行为，更多的是为了满足自己的好奇心和探索欲，也想看看打完人后将会发生什么样的事情。

（二）为了吸引家长的注意

1~2岁正是建立亲子关系的关键时期，孩子比较依恋父母。父母白天忙于工作，孩子接触父母时间少，晚上见到父母，他可能通过打父母的脸表示亲热。如果父母对他的行为表示惊讶或欣喜，会强化他这类行为；如果父母对他这种行为很气愤，通过打他或者呵斥来制止，他不明白其中道理，但知道这类行为容易引起父母的重视，为了吸引家长的眼球，会频繁地出现此类行为。

（三）为了宣泄情绪

1~2 岁的孩子也有自己的喜怒哀乐，再加上他正处于脱离父母，萌发自主意识的时期，喜欢按照自己的意愿行事。很多家长对孩子保护过度，溺爱过度，唯恐孩子发生意外，这也不许，那也不行，压抑了孩子探索周围世界的种种正当需求。孩子的好奇心、探索欲和自主愿望受到太多的限制，心中积压了很多的委屈和愤怒，却无法用语言正确表达，只好通过攻击性行为来宣泄。

此外，父教母爱的缺失、家长的娇宠放纵等不正确的教养方式也易助长孩子的攻击性行为。从九九妈的诉说中，我觉得九九的攻击性行为，与孩子奶奶不正确的教养方式有关，与父母工作忙碌跟孩子交流少有关，也与孩子生活环境单调，缺乏与同龄人交流有关。不管是何种原因，及时的干预、矫治都是很有必要的。

二、幼儿攻击性行为的矫正

一般来说，弄清楚孩子攻击性行为的原因，对症下药，效果更明显一些。因为没有跟九九接触过，对他从奶奶和妈妈那里得到的教养方式不太清楚，所以，我仅从常规的角度给九九妈妈提以下几条建议，供她参考：

（一）为孩子提供丰富多彩的生活环境

对于 1~2 岁的孩子来说，只跟年迈的爷爷奶奶生活在一起，行动处处受限，生活单调乏味，容易产生攻击性行为。家长应该尊重孩子的自主意识，满足其好奇心和探索欲。具体来说，就是给孩子提供一个有足够的活动空间，摆放着各种适合他这个年龄的玩具，有同龄的孩子可以玩耍和交流，又有成人在一旁耐心地照管并陪玩的生活环境。实践证明，在这样的环境中，孩子的精力得到较好的宣泄，探索欲及好奇心得到满足，其攻击性行为会大大减少。

假如家庭不具备这样的条件的话，让奶奶多陪孩子到公园走走，多接触人，父母一有空就跟孩子交流，陪孩子游戏，创造条件让孩子多跟其他同龄孩子一道玩耍，也可以减少孩子攻击性行为的发生。

（二）采用正确的教养方式

家长的教养方式不当，会无意间强化孩子的攻击性行为。故家长应该采用正确的方式跟孩子相处，具体如下：

1. 给孩子当好榜样

美国心理学家班杜拉通过一系列实验证明，幼小的孩子主要是通过观察与模仿来习得各种社会行为的。比如：幼儿在实验室看见成人攻击玩具娃娃，成人离开后，幼儿也会学着以同样的方式攻击玩具娃娃。可见，孩子产生攻击性行为，是对成人攻击性行为的模仿。

很多家长没有意识到自己的言行举止对孩子潜移默化的影响，经常给孩子错误的示范。比如当着孩子的面夫妻对打，让孩子误以为打人才是解决问题的方式；或者有些家长喜欢摸孩子的脸、打他的小屁股表示亲热，模仿能力强的孩子也把这种方式搬到和小朋友的交流中；也有的家长发现孩子出错就不分青红皂白打他一顿，这反过来向孩子提供了一个攻击性行为的模仿原型，变相地暗示孩子当别人使你不满意时，你可以攻击他。家长应该意识到，孩子是父母的影子，你不希望孩子出现什么行为时，首先自己应该杜绝此类行为，千万不要给孩子树立攻击性行为的"榜样"。

2. 加强亲子沟通

心理学的一系列实验表明：烦恼、挫折、愤怒等情绪易引起孩子的攻击性行为。如果父母工作太忙，无暇照管孩子，孩子情感缺失，缺乏安全感和自信心，也容易引发攻击性行为。所以，家长每天抽出一些时间与孩子沟通，尽可能地多陪孩子，关爱孩子，满足孩子的情感需求，给孩子提供和睦温馨的家庭环境，可以降低其攻击性行为。

3. 冷处理，淡化孩子的攻击性行为

当幼小的孩子出现攻击性行为时，有的家长觉得好玩，通过不断地逗引孩子进一步攻击他人来取乐，使孩子误以攻击别人是一件十分有趣而且能获得成人首肯的游戏而乐此不疲；也有的家长反应强烈，对着孩子大喊大叫、拼命制止，恰恰向孩子表明了攻击是引起家长注意的一个好方法，为了吸引父母对自己的关注，会故意出现攻击性行为。

因此，要减少孩子的攻击性行为，家长应该尝试一下冷处理。在孩子出现攻击性行为时，只要孩子的处境不危险，家长或者轻描淡写地转移其注意力，或者不理会他，让他彻底受到冷落。时间长了，他明白此类行为在父母那里不受欢迎，会考虑放弃。

4. 采用不同方法，提高孩子自控能力

首先，要使孩子对攻击行为产生的不良后果感到忧虑不安。当孩子对父母采取攻击性行为时，父母要通过表情动作，通过冷处理，让孩子明白这种行为是不被允许和赞扬的；当孩子通过打人抢走小朋友的玩具，父母一定要坚持将玩具还给小朋友；他把小朋友打哭了，父母不能抱着他一走了之，应该让他看到被打的小朋友痛苦的样子，或者让被打的小朋友打他一下，让他体验到疼的滋味，从而抑制自己的攻击性行为。

其次，可以尝试表扬和奖励，强化其正确的行为。比如当发现孩子减少攻击性行为时，父母可以表现出满意和赞许的神情；或者在他和同龄的孩子玩耍时，家长对那些举止温和、无攻击性行为的孩子给予表扬和实物奖励，可以使孩子自觉地减少攻击性行为。

再次，也可通过角色扮演、游戏等途径，让孩子对攻击性行为产生否定的情绪。比如，通过讲故事、情景表演等形式给孩子呈现一个有攻击性行为的儿童形象。与其讨论这一儿童的表现及危害，使他意识到这样的儿童是不受人欢迎的，再与其共同设想一个受欢迎的儿童形象，增强孩子榜样学习的愿望，减少其攻击性行为。

倔妈妈跟两岁犟儿子的斗争

我知道自己是个性格倔强的人，可没想到我不到 2 岁的儿子竟然比我还犟。今天晚上发生的事让我着实对儿子今后的教育产生了一丝恐惧。

车老师：

我知道自己是个性格倔强的人，没想到我不到 2 岁的儿子竟然比我还犟。虽然以前儿子也在一些事情上反映出倔强的性格，那时并未太在意，有时还和爸爸、妈妈当成儿子的小可爱谈起。今天晚上发生的事让我着实对儿子今后的教育产生了一丝恐惧。

吃过晚饭后，我照例一边看电视一边和儿子在沙发旁玩。儿子拿来一盒南瓜子让我帮他磕，他就在那儿玩瓜子。一会儿，他又找来一个小盒子，把大盒子里的瓜子倒到小盒中，自然撒到了沙发上一些，他随手就把这些瓜子扒拉到了地上。我突然想起昨天他爸爸向我告状，说儿子故意把瓜子扔到地上，还不捡起来。于是，我蹲下身对儿子说："乖孩子，瓜子掉地上了，把它捡起来，好吗？"谁知儿子突然就下手在我脸上拍了一下。我有些生气，沉下了脸，语气也重了，厉声说："尚尚，你弄掉的瓜子，把它捡起来。"

儿子并不买账，口中还嘟囔着不捡不捡。在我几次高声的要求下，他仍无动于衷。"斗争"由此开始。

我开始威逼："尚尚，如果你不把瓜子捡起来放到盒子里，我就把你关到卫生间。"以前我从未这样惩罚过他。我想他可能不知道是什么意思，就边说边把他往卫生间拉。跟他一起进入卫生间后，我关上门并未开灯，告诉他："尚尚，如果你不把扔掉的瓜子捡起来，妈妈就走，你一个人留在这儿。"儿子可能意识到什么，开始大哭并要求我抱。

我趁热打铁："乖孩子，只要你把你弄掉的瓜子捡起来，就是好孩子，妈妈就抱。"儿子还只是嘟囔不捡不捡。我丢下他，独自出去并关上了门，他哭得更厉害了。让他哭了一阵，我又问："你捡不捡？"

他拖着哭腔说捡。于是，我开开门，拉起他的手，准备一起去捡。可是走到沙发前他又变了卦，说着不捡就跑开了。我心想，既然已经哭过了一阵，也同意捡了，不能就此妥协，就坚持到底吧。

我夺过他刚刚拿起的小汽车，继续威胁："如果你不捡就不要玩汽车！"他见我拿走了这个汽车，又哭着跑向茶几拿起了另一个汽车……直到我夺过他的三辆汽车后，他开始抱着我的身子摇晃，要求抱，但仍拒绝捡起瓜子。真是没辙了，在他又上气不接下气地哭了一阵后，我继续坚持要他捡，并说："如果你捡了就是好孩子，妈妈马上就抱。"

但儿子仍然拒绝！我只好发出最后通牒："如果你不捡，妈妈就不带你睡觉，让你自己睡外面。"然后，我摆脱他的拉扯，快速跑到卧室关上了门。儿子在门外哭，我的心揪着，既心疼又恨儿子，为什么这么犟。

哭了一阵，儿子变成了边敲门边哭，而且说了声："妈妈，对不起！"我心中掠过一丝欣喜，莫非儿子要投降？我赶紧安慰他："知道错了是好孩子，把瓜子捡起来，妈妈就开门。"又哭了一阵，没了敲门声。我不放心，把门开了个缝，只见儿子走向了沙发。听到我的动静，他又直回了已经弯下的腰。我赶紧重新关上门，告诉他要全部捡起来。

等到我又开门时，看到儿子正在弯腰捡瓜子并把它们放回盒子。地上只剩下五六个了，我顺势和他蹲在一起，要求他加油，并允许他把已经捡到的瓜子放在我的手上。整个过程历时了半个多小时，虽然儿子最终按我的要求捡起了瓜子，但我的心中像打翻了五味瓶。

我真的胜利了吗？儿子今后再遇到类似的事情又会有什么表现

呢？儿子他现在还不到 2 岁,再大些会更有自己的想法,面对如此"犟"的儿子,我该怎么办？

一位焦心的妈妈

应该说,这位妈妈对孩子很用心,也很注重培养孩子良好的生活习惯。但是,她不太了解 2 岁孩子的性格特点,采用威逼利诱的方式,看似达到了目的,实际上容易让孩子产生焦虑、烦躁、恐惧的情绪,长此以往,对孩子性格发展极端不利。下面,我结合孩子的第一反抗期的特点谈谈对两岁孩子性格的培养。

一、2 岁孩子正处于人生的第一反抗期

很多家长都发现,一岁半到 2 岁左右的孩子,突然变得不听话,喜欢说"不"了,要抱他,他打挺;要回家,他非得向前走;要喂他吃饭,他非得自己用筷子吃得满手满脸都是,等等。他不假思索地反对爸妈的一切意见并达到执拗的地步,很多家长都为此头疼。其实,孩子的这种表现是正常的,因为他正处于人生的一个特殊时期。心理学上把 2 岁孩子所处的这种性格急剧变化的特殊时期称作是宝宝的第一反抗期,也有心理学家称为"可怕的两周岁"（Terrible Twos,泛指一岁半到 3 岁之间）。

可怕的两岁儿的主要特点是:心理发展出现独立的萌芽,自我意识开始发展,好奇心强,有了自主的愿望,喜欢自己的事情自己做,不希望别人来干涉自己的行动。一旦遭到父母的反对和制止,就容易出现说反话、顶嘴的现象,也会歇斯底里地发脾气。这是他们的欲望得不到满足的宣泄方式。上文的尚尚,恰好是 2 岁左右,他多次拒绝母亲提出的把瓜子捡起来的要求,不是不听话,是自我意识的流露。

二、怎样和第一反抗期的宝宝相处

家长顺应第一反抗期的孩子的特点,因势利导,讲究方式,可以培养孩子的独立能力、自主意识,为孩子自信自强的人格奠定基础。假如家长用粗暴简单的方式,用家长权威强迫孩子听话,或者无视孩子独立性的要求,事事包办代替,容易压抑孩子个性,让孩子自卑、懦弱、事事依赖家长。因此，家长掌握跟第一反抗期的宝宝的相处之道很重要。

（一）尊重并多和孩子商量

在捡不捡瓜子的事件中，妈妈的态度过于强硬，尚尚的屡次反抗，貌似不听话，实际上是在进行一种自我保护。其实，可以用尊重和商量的口气的，比如："你想什么时候捡起来呢？""你是希望自己捡，还是妈妈陪你捡？""你睡觉都躺在床上，让瓜子躺在地上睡觉，瓜子会很难受的，我们把它捡起来，让它在盒子里睡，好不好？"

总之，在孩子自我意识萌芽的阶段，尊重孩子，遇事和孩子商量，给孩子选择的权利，可以使孩子变得有主见和自信。家长用命令的口吻要求孩子按照自己的意愿做，容易引起孩子的反抗，也容易挫伤孩子的自尊心。

（二）用游戏娱乐的方式因势利导

冰心老人曾用她特有的语言告诫家长和老师们："淘气的男孩是好的，调皮的女孩是巧的。不要把很小的孩子当作青少年和成人看待。对一个2岁多的孩子没有兴趣的事情，家长只能设法激发孩子的兴趣，绝对不能用严格要求的方法去逼孩子。"

对两岁的尚尚，这位妈妈没必要那么小题大做，可以用游戏的方式对孩子因势利导。比如，看到尚尚把瓜子扔到地上，可以假装看看表，说："尚尚真厉害，一下子扔到地上这么多颗瓜子，妈妈想知道，你把这么多瓜子捡起来需要多少时间，你来捡，妈妈给你计时，好不好？"或者说："我们来比赛，看看谁捡的瓜子多？"

等孩子把瓜子全部捡起来后，边表扬他边摆出些玩具（气球、布娃娃等）和食物（瓜子、糖果、娃哈哈等），问他，哪些是可以扔在地上的，哪些是不能扔在地上的，让他辨别。讲明理由或者编个童话故事，用故事的形式让他明白，瓜子是吃的，扔在地上是不对的，乘机对他提出以后不乱扔瓜子的要求。

（三）多鼓励和肯定

孩子毕竟只有2岁，不可能事事做得很好，父母不能因为他做错了，做不好，就指责他，剥夺他做事的权利，这样容易让孩子自卑和无能。

而 2 岁的孩子独立性正处于发展的关键期，鼓励孩子自己能做的事情自己做，多对他进行赏识和肯定，可以增强孩子的自理能力，也可以让孩子自信。尚尚丢瓜子，只是觉得好玩，并没有觉得自己错了，故意跟妈妈做对。倒是妈妈对他要求太高，态度过于严厉，把简单的事情复杂化了。

妈妈可以从表扬他会玩，懂得把沙发上的瓜子丢到地上入手，肯定他动作快、聪明，再通过游戏比赛，因势利导，这样，可以让孩子在愉悦的心情中，接受妈妈的要求。

怎样为孩子选择幼儿园

为了让孩子对幼儿园有所认识，上学期就送她上了一段
时间的市幼儿园，三天打鱼两天晒网，每次送去就哭。

车老师：

一转眼，暑假就要过去了，女儿的幼儿园还是没选好。为了让孩子对幼儿园有所认识，上学期就送她上了一段时间的市幼儿园，三天打鱼两天晒网，每次送去就哭。现在更是对市幼儿园产生了恐惧感，常把"我不上学"挂在嘴边。我想给她转园，但各种说法不一，我也无从定夺。

市幼儿园是年代久远的一所学校，老师有正规的，也有招聘的，互相搭配带班。各种设施比较陈旧，室内的玩具更老套，有旧的玩具电话、塑料积木，一指长的橡皮泥瓣开三段给3个小朋友玩，对于女儿来说吸引力是小了点。

我亲眼所见孩子每天在园里的主要任务是做操、唱歌、跳舞、讲故事等。画画一般都是老师画，学生看；手工活先是孩子做，实在做不来就由老师代劳。老师也会训小孩，也会给小女孩扎小辫。中午伙食还可以，我曾尝过；睡觉是两个小孩一张床，床头一个，床尾一个；教学理念老套、固定，没什么特色。但因为老师教学经验丰富，性质是公立的，一般的家庭都会选择这里。

另一所是师范附属幼儿园，才办3年，有普通班和蒙氏班，设施新、玩具多，并以开发智力为主，睡觉是一人一张床。老师大都比较年轻，中途有换老师的现象。收费是市幼儿园的两倍还多，离市区远但有专

车接送，如果误了车次，家长要负责自己送。

老师都有自己的代名字，小朋友不用喊"老师"，直呼其名就好，说是缩短孩子对老师的距离感和对幼儿园的恐惧感。每个小朋友都有自己的储物柜，可以把家里的玩具拿来和小朋友分享，也可以放书包。我带女儿去咨询了一次，回来后她念念不忘，因为那里的玩具她都没玩过瘾。我也打听过几位家长，有的觉得"还行"，也有的认为商业性质多了点。相比于市幼儿园，附属幼儿园教师经验少、收费高、距离远，只有条件好的家庭才选择把孩子送那里。

我对两所幼儿园的了解就是这些。不知道评定一所幼儿园的好坏，是看玩具的新旧还是看老师的经验，到现在也定不下来上哪里。我对师范幼儿园有好感，可是我家先生不同意，觉得收费高不一定教学质量就高，我怎么也说不过他。很想听听老师的分析。谢谢！

一、家长要慎重地给孩子选择幼儿园

3~6岁是人一生中发展非常重要的时期，这个时期给孩子选择什么样的幼儿园，让他接受何种形式的学前教育，对孩子的将来至关重要。关于其重要性，2006年6月10日出版的《中国教育报》上有篇题为《学前教育阶段投资获益最多》的文章，这篇文章的观点主要引自2006年上海教育论坛。来自世界十多个国家和地区的著名教育家和学者普遍认为学前阶段是投资获益最多的阶段，接受优质学前教育的儿童表现出学业成就高，就业率与经济收入高，犯罪率低，家庭关系和睦，吸毒率低的特点。

此外，举世公认的天才卡尔·威特的父亲有一段话："对于孩子的成长来说，最重要的是教育而不是天赋，孩子最终成为天才还是庸才，不取决于天赋的高低，关键决定于他从生下来到5~6岁时的教育。"

现代教育心理学的研究成果也从多方面证明了0~6岁是儿童大脑发育、语言习得、智力发展、个性形成及习惯养成的关键期，早期教育的缺失，终身难以补偿。因此，幼儿的家长除了要掌握科学的家教观念，并对孩子进行行之有效的早期教育之外，还应该谨慎地给孩子选择高质量的幼儿园，让孩子享受优质的学前教育，为孩子一生的发展奠定坚实的基础。

二、怎样为孩子选择合适的幼儿园

现在的幼儿园鱼目混珠，良莠不齐。一些幼儿园为了迎合家长，争取生源，不顾及孩子的身心特点，提前进行小学式的应试教育，或者打着特色的旗号，对孩子进行比较单一的训练，这种幼儿园对孩子的性格及兴趣的发展是极为不利的。因其掺杂明显的商业因素，急功近利，揠苗助长，容易扼杀孩子的天性，延误孩子的发展。

在我看来，高品质的幼儿园，其教育目标应定位在习惯培养、能力培养、情感培养等决定孩子一生发展的因素上；园长应该具备相应的学历背景，精通幼儿心理，有清晰的办学思路和教育理念，充满创造力、富有追求；教师应该多才多艺，有爱心，有良好的艺术修养和高尚的师德，心中装着孩子并懂得体谅、呵护孩子娇嫩的心灵；孩子在园中的学习内容以语言、自然、美术、音乐、舞蹈、社会为主，最重要的教学形式是活动和游戏；教师懂得寓教于乐，善于在丰富多彩的活动和游戏中，培养孩子多样化的兴趣，为孩子养成开朗自信的性格奠定基础；教孩子初步懂得合作与共享，自爱与爱人，善于与老师和其他孩子和睦相处，等等。当然，幼儿园的设施、场地及规范化的管理也是需要考虑的因素。

家长在孩子入园前，应该提前了解，多方打听，根据自己的经济收入，居住区域尽量选择安全、能活动、生活条件比较好，管理规范、在社会上有较好口碑的幼儿园。别轻信宣传材料，应该多进行实地考察，多跟幼儿园的老师、员工交谈，细心观察。比如，观察老师对幼儿的态度，观察幼儿园的老生在幼儿园的情绪状态等，尽量做到心中有数。

一般来说，"合适的才是最好的"，选择幼儿园最关键因素是适合孩子，那些适合孩子、吸引孩子、让孩子快乐成长的幼儿园才是好幼儿园。而孩子是否喜欢一家幼儿园的决定性因素则是教师素质，因为教师是学期教育的直接实施者，其专业水准、人格魅力及跟孩子沟通的能力，直接决定着孩子在幼儿园的生活及学习质量，也会对幼儿心理产生重大影响。假如教师对初入园的孩子的恐惧和焦虑情绪视而不见、反应淡漠，假如孩子入园很久了还持续哭闹，对幼儿园有浓重的畏惧排斥心理，即使该幼儿园的办学条件再优越，宣传口号再响亮，也不值得留恋，好幼儿园，教师素质绝对是首选因素。

发邮件的这位女子，可供她和孩子选择的幼儿园比较少，只有两家，且各有优劣，在难以抉择的情况下，应该把孩子的感受及教师素质放在第一位，仔细衡量。

具体一点儿说，在没有做好充分的准备下，她让女儿上了一段时间的市幼儿园，三天打鱼两天晒网，没有帮女儿克服对幼儿园的恐惧感，也没有训练女儿养成良好的入园习惯，使得女儿谈园色变，已经产生排斥和恐惧心理；而师范幼儿园因为玩具多，理念新颖，对孩子则保持着相对的吸引力，选择师范幼儿园似乎在情感上更容易让孩子接受。但是玩具和外部条件的吸引毕竟是短暂的，还需根据教师素质、家庭经济状况量力而行，跟家人进行必要的沟通。

无论最终的选择是什么，建议她把重点放在对教师素质的考查和对孩子情绪的关注上，看教师能否赢得孩子的喜欢，能否采取措施帮孩子克服入园的恐惧感，能否帮助孩子形成良好的入园习惯，并在如何教育孩子上给家长提出积极的建议。此外，在入园前多带孩子熟悉环境，多跟老师交流，在孩子入园的初始阶段，多鼓励、多关心，为孩子情绪平稳地开始幼儿园的新生活多做一些努力。

女儿一到幼儿园就哭怎么办

从春季开学到现在快放暑假，每次送她都要哭，早上起来就说："妈妈，我不去幼儿园。"

车老师：

我女儿到今年9月份才满3周岁。丈夫上班很忙，只能晚上见孩子一面。我是护士，三班倒。孩子主要由我和两位老人带，不过，还是两位老人带得多。在女儿两岁半时，我送她上了县城最好且历史最悠久的幼儿园。孩子的老师是我的朋友，一起入园的还有我好朋友的女儿，要说这个环境对女儿成长是十分有利的。何况，为了让她更快地熟悉环境，我曾应邀给她们班讲"手卫生知识课堂"，春季运动会时还帮老师带她们，试图让她感觉到这个地方很好，连妈妈也想来。但从春季开学到现在快放暑假，每次送她都要哭，早上起来就说："妈妈，我不去幼儿园。"

开始，我给她讲幼儿园里小朋友多、玩具多，老师会教她唱歌、跳舞、学本领等，不管怎么讲还是哭。后来，就明确告诉她"小孩子都要上幼儿园的，就像大人要上班一样"，想断了她不去的念头。有时她会哭一路，到学校后依然搂着我的脖子不让走，老师说："你走吧，走了就好了！"

很多家长都是把孩子送去就走了，老师们认为越是大人在，小孩越是矫情，所以不愿让家长待太久。但我觉得如果自己狠心走掉，会让孩子觉得妈妈不要她了，就和老师商量让我在幼儿园陪孩子玩一会儿，我会对孩子说："妈妈只陪五分钟就走，走后就不能再哭了！"

她没有五分钟的概念，只知道是一点时间，头两次还行，我走时还给我道再见，再后来又不行了。于是，我再次给她鼓励，并告诉她"妈妈会第一个来接宝宝的"，但她还是哇哇大哭，直到我离开。有一回，我躲在教室旁边偷偷观察，发现她虽然一脸哭相，但还是会跟着老师拍手做动作。

　　庆幸的是，每次去接她，她都在玩玩具、看图画书或者围着老师看弹琴。这时，才感觉她在幼儿园是快乐的。她还会讨好地说："妈妈，我都不哭了，我长大了。"回到家里，有时会让我当小朋友，她当老师给我唱儿歌，还会边说边比画，绘声绘色地给我讲一些发生在幼儿间的趣事。

　　我问过老师，她哭的时间从刚开学的二三十分钟逐渐减少到五分钟，甚至现在挤不出眼泪，只是皱着眉头吭吭两声。让我苦恼的是为什么每天送她时都哭，并且一直哭到暑假？下学期该怎么办啊？要不要给她转园？

　　女儿平常有点胆小，学的儿歌在陌生人面前不敢显露，只在家人面前可以，有时候还要大人带着唱才肯唱。希望您能帮我分析原因，再支几招，争取秋季开学别再听到哭声了。

　　这位妈妈提及的孩子被送到幼儿园跟母亲分开时爱哭的行为，在心理学上叫"分离焦虑情感"，是幼儿对陌生环境和陌生人所产生的不安全感与恐惧感的反应。对于初入园的孩子来说，幼儿园是全然陌生的环境，眼睁睁看着情感上跟自己最亲近的父母离开自己，孩子会本能地感到恐惧不安，也担心父母走了就不会回来，甚至不要自己了，所以用拼命哭闹的方式表达内心的惶恐和焦虑。这种症状短则一个星期，长则一个月，在幼儿园老师和家长的有效引导下一般会消除。但如果长时间存在，则不但影响孩子的成长，甚至会影响其将来的创造力以及对社会的适应能力，需要给予特别关注。发邮件的这位女士，她女儿天天被送进园里时都哭，且持续了一个学期，原因应该是多方面的，我仅就我的理解和猜测，分析如下：

一、孩子入园长期哭闹的心理原因

1. 孩子年龄相对偏小

一般来说，孩子 3 岁入园比较合适，幼儿园的课程设置大多也是以 3 岁为起点的。她的女儿两岁半时入园，心智跟 3 岁的孩子有差距，游戏和交流中容易处于弱势，进而产生无助和自卑心理以及对幼儿园生活的畏难情绪。

2. 家长过分关注

这位女士很关心女儿在幼儿园的表现，包括把孩子送进去后不立刻离开，包括主动参与幼儿园的活动等，都是正确的做法。但从字里行间也看出，她非常在意女儿的哭，对女儿的哭关注得有点儿过度。只要女儿一哭，母亲就会设法哄她，留下来多陪她，甚至承诺早点儿来接她。为了让母亲多陪自己，多关注自己，女儿习惯性地用哭来吸引母亲的目光。

3. 孩子性格及家庭教养方式

有的孩子天生是抑郁质的气质类型，比较敏感胆小，再加上家里都是成人，以保护者的姿态和孩子相处，孩子被宠爱过度，缺乏与同龄人交往的机会和经验，进入幼儿园后，适应起来相对困难。

二、家长应对孩子哭闹的策略

1. 入园前应做的一些准备

在开学前几天，多带女儿到幼儿园，陪她在幼儿园游戏和娱乐，帮她熟悉幼儿园里的环境；多陪女儿玩捉迷藏的游戏，化解女儿看到母亲离开后的紧张感，知道母亲离开后，也会再次出现在自己面前；多和女儿的班主任一起交流，包括把她请到家里做客，帮助女儿和老师建立信任与依恋关系；平常多带女儿出入少年宫、儿童乐园和小朋友出入较多的场所，鼓励女儿参与其他小朋友的活动，丰富她与同龄人交往的经验等。

2. 跟同龄孩子一起入园

条件允许的话，让孩子 3 岁入园，和同龄人站在同一起跑线上，这样便于交流和发展。再帮孩子找一个年龄相当，居住方位相近的同性玩伴，两家家长多接触，多制造两个孩子一起玩耍的机会，包括把她们一块儿送到幼儿园，使孩子情感上有所依傍，减少惶恐感。也可以让女儿介绍自己在幼儿园里比较喜欢的小朋友，并鼓励女儿多与他们一起玩耍。

3. 冷处理与转移注意力

把孩子送进幼儿园后，淡化对孩子哭的反应，适度地冷处理。比如假装对她的哭声听而不闻，视而不见；若无其事地跟她道再见，去干该干的事情，装出一副很忙碌的样子。你要给自己这样的心理暗示：孩子想哭就让她哭一会儿，反正也哭不坏，哭累了她自然会停下来。让孩子觉得哭起来无趣，自然而然地减少哭的时间和次数。

也可以设法转移孩子的注意力。比如笑着模仿女儿哭的样子，问她妈妈哭得好看吗？或者指着旁边一个小朋友，问她是不是她们班上的？或者把她抱进教室里，陪她和别的小朋友一起玩玩具，待她情绪平稳后，很干脆地道再见，果断离开。

4. 积极的鼓励与暗示

接孩子时，别急急忙忙地把她带回家，可以陪她继续在幼儿园里玩一会儿，让她充当小主人，带自己在幼儿园里参观，问她哪里有什么玩具，哪里有什么房间等。边参观边引导她多回忆幼儿园美好的一方面，比如问她幼儿园里小朋友多不多？老师对她好不好？幼儿园漂不漂亮？让孩子对幼儿园产生美好的印象。

不动声色地对孩子进行表扬和激励。比如说："老师说你昨天在妈妈走后足足哭了10分钟，今天才哭了5分钟，真乖！老师今天夸你跳舞跳得很棒，准备六一让你上台表演，你要加油哦！"用这种方式增强孩子的自信心和求好的愿望。

回家后，花点时间和孩子交流，耐心听她说话，让她表演在幼儿园里学到的歌舞，陪她一起做游戏。包括让她当老师，把在幼儿园里学的东西教给自己，使孩子对幼儿园生活产生兴趣。另外，若无十足的把握和特殊的理由，最好不要轻易给孩子转园，因为孩子每到一个新地方，都需要花费很大气力去适应。

三岁儿子总被人欺负怎么办

> 我的孩子三岁半，邻居都夸这孩子老实。随着跟其他孩子玩的机会的增多，我却发现孩子总被"欺负"，心里挺不是滋味。

车老师：

我的孩子三岁半，邻居都夸这孩子老实。的确，我平时比较注重对孩子进行守规矩、懂礼貌的教育，孩子并不任性。可是，随着跟其他孩子一起玩的机会的增多，我发现孩子总被"欺负"。比如在亲子班一起玩玩具，他拿起一个积木块，有时就被某个孩子抢走，并被告知"这是我的"。而我的孩子就不会抢别人的玩具。

我心里挺不是滋味，那个孩子的家长也不说话，我也不好意思说其他的。我不太喜欢生事，怕掌握不好尺度容易造成矛盾，毕竟大家还要经常在一起。只是让我的孩子去拿其他玩具或吸引他的注意力到其他事情。

请您帮我支支招，今后怎样解决类似的问题呢？包括今后怎样去引导这么大的孩子，提高他的社会交往水平等。谢谢！

孩子妈

一、孩子冲突之源：自我中心看别人

瑞士著名心理学家皮亚杰曾经做了一个"三座山"的立体模型。在一个立体沙丘模型上错落摆放了三座山丘，首先让儿童从前、后、左、右不同方位观察这座模型，然后让儿童看四张从前、后、左、右四个方位拍摄的沙丘的照片，让儿童指出和自己站在不同方位的另外一人（实验者或娃娃）所看到的沙丘情景与哪张照片一样。实验结果表明三四岁的幼儿无一例外地认为别人在另一个角度看到的沙丘和自己从所站角度看到的沙丘是一样的！部分五六岁的幼儿也是如此。皮亚杰把幼儿思考问题时只从自己的观点出发，不能站在别人的角度考虑，认为自己观点就是别人的观点的这种现象称为自我中心主义。

就以这位妈妈述说的抢积木这一冲突来说，她的孩子认为："这块积木好玩，它就是我的。"而另一个孩子也同样会想："这块积木我喜欢，我也要玩儿。"毫不犹豫地抢过来，根本意识不到这种抢的做法是不对的。由于孩子的这种"自我中心看别人"的思维特点，在幼儿园里孩子们经常会围绕玩具、座位、游戏的先后顺序等发生冲突。

二、家长如何看待孩子间的冲突

面对孩子间的冲突，家长应该理性看待，这是人类从幼年走向成熟的一个必然阶段。孩子在与同伴的冲突和敌意中，可以克服自我中心，习得一些有效的交往技能。况且，年幼的孩子情感发育不成熟，情绪的可控性不强，他们的冲突是即时性的，来得快，去得更快。关于这一点，德国漫画大师埃·奥·卜劳恩在他的《父与子》中有生动形象的刻画。

从漫画内容不难看出，家长没必要把孩子间的冲突当一回事，更没必要大动干戈、粗暴干涉。家长直接参与孩子们的纠纷，既小题大做，影响成人间的关系，也会剥夺孩子在同伴交往中获得经验的机会，反而不利于孩子人际交往水平的提高。

这位妈妈看到孩子积木被抢，心疼孩子，又有点抱怨对方家长不干涉，觉得自己孩子被"欺负了"，却没意识到孩子如何面对"欺负"、如何在被"欺负"中学会跟同伴自如交往才是最重要的。因为家长不能跟着孩子一辈子，也不能要求所有的同伴、同学都友好地善待她的孩子。孩子必须学会独立解决与同伴间的各种冲突，否则，他在群体中只能处于劣势，在集体生活中产生畏怯、自卑心理。

三、家长如何引导孩子，提高其人际交往水平

3~4岁的孩子模仿力强，喜欢结识小伙伴并和同伴玩耍。家长引导的重点是设法给孩子创造良好的人际交往环境，因势利导、循循善诱，帮助孩子摆脱自我中心状态，学会换位思考，自信而友好地跟同伴进行交流。具体可尝试以下做法：

（一）发挥榜样示范作用

美国心理学家艾里克森认为，"自居作用"是幼儿的重要心理特征之一，所谓"自居作用"指的是幼儿模仿心目中的重要人物，如父母和教师的言语、动作、表情，并以他们的形象来认同自己的行为。美国社会学家班杜拉等人也通过大量的实验，提出观察和模仿是儿童早期学习的重要方式，并且儿童年龄越小，模仿力越强。

基于这一点，家长在人际交往方面要给孩子做出榜样，发挥良好的示范作用，比如举止大方、待人热情、主动跟人打招呼问好、邀请亲朋好友来家里做客等。

（二）创设良好的人际交往环境

孩子就要跟孩子玩儿，假如家长怕危险、怕被欺负、怕孩子跟人学坏等，一味儿地把孩子圈在家里，孩子就不知道如何跟同龄人交往，其性格和交往技能当然无法充分发展。

因此，家长一定要鼓励孩子间的交往并给孩子创设良好的交往环境。三岁左右的孩子尽量送到条件好点的幼儿园，让他在集体生活中习得规则，掌握与同龄人的相处之道；同时要介绍他认识亲朋好友家跟他同龄的孩子或街坊邻居间年龄相近的玩伴，创造孩子和同龄人一起玩的机会。孩子实战经验越多，越容易增强人际交往的主动性。

（三）对孩子因势利导，循循善诱

家长绝对不能代替孩子解决人际冲突，但可站在旁观者的角度对孩子因势利导。在引导孩子时，要注意不能让孩子能忍则忍，那会让孩子变得懦弱无能；也不能鼓励孩子以牙还牙，那会助长孩子的暴力倾向。重点是精神上的鼓励和技巧上的引导。

当孩子的积木被抢时，仔细观察孩子在被抢后的表现。假如孩子

很平静，又拿起另一个玩具玩了，事后表扬他，懂得退让是懂事的表现；再启发他，如何化被动为主动，下次玩的时候，看到那个小朋友也喜欢这块积木，不等他抢，就主动让给他，努力跟他做好朋友。如果成为好朋友了，两个人在一起玩就会更有意思；假如觉得被抢很愤怒、很生气，可以大声表达不满："你为什么抢我的玩具？你再这样，我就不跟你玩了！"让抢的孩子意识到抢别人的玩具是不对的。或者试着跟那个孩子商量："你拿了我的玩具，什么时候还给我？能否把你的玩具拿来跟我交换？"让孩子学会平等互换。

（四）注重孩子良好性格的养成

四条之中，这条最重要，因为性格决定命运。在人际交往中，性格活泼开朗、举止大方自信的人更有人缘。培养孩子性格的措施很多，主要建议如下：

第一，家长要爱孩子，多鼓励和肯定孩子，培植孩子的自信心和安全感。

第二，家长要尊重孩子，多跟孩子对话和交流，遇事多征求孩子的意见，培养孩子独立思考和解决问题的能力。

第三，家长要善于给孩子提供展示自己的舞台。比如家里来客人时，让孩子给客人打招呼、问好、表演节目等，让孩子不惧怕客人；平常多带孩子到人多的地方走动，主动挑起话题，让孩子跟人对话，乘机夸孩子聪明、乖巧等，提升孩子的自信心。暗示孩子"你能行！""大家都喜欢你"，让孩子喜欢并乐于在人前表现。

第四，鼓励孩子在幼儿园和日常生活中多交朋友。有意地问他诸如"你在幼儿园最喜欢的小朋友是谁？""你为什么喜欢他？""你今天和哪位小朋友在一起最开心？""你今天帮助了哪位小朋友？""老师今天有没有表扬你？你觉得你今天表现最好的是什么啊？"等问题，通过这些问题，于潜移默化中培养孩子合作、共享、乐于助人等品质，树立与他人相处的信心。

第五，通过卡通片、讲故事等，让孩子知道面对欺负时如何处理，怎样正面解决问题，如何进行自我保护等。

五岁女儿怎么会"自慰"

那还是在女儿 5 岁时，一次她坐在沙发上看电视，我在卧室忙碌，当我出来看她时，她正双腿绷得紧紧的直直的，两手插在双腿之间，脸色很窘很紧张的样子，头上都冒汗了……

车老师：

我是一位 7 岁小孩的母亲，最近有一件事，让我觉得非常苦恼和担心。昨天，我在网上看到一位小学老师说她班上一位小学生上课时有"自慰"行为，并对他的动作进行了描述。我看了非常震惊，因为我的女儿在家里也曾出现过类似行为。我一直不愿意相信是"自慰"。

那还是在女儿 5 岁时，一次她坐在沙发上看电视，我在卧室忙碌，当我出来看她时，她正双腿绷得紧紧的直直的，两手插在双腿之间，脸色很窘很紧张的样子，头上都冒汗了。她看到我，赶紧将两手取出来，很不自然地对我笑笑，就没事一样继续看动画片。

我心里虽然有些疑虑，但考虑到她年龄小，而且她的裤子的确是小了点也有些紧，就没敢往"自慰"上想。但从此开始留意，结果又相继发现了几次类似的事情，我开始担心了。我知道小孩子的心灵很脆弱，即使真有这方面的行为，也不能随便打骂和污辱她。我只是轻声地告诉她，这样的行为会损伤阴部，会有细菌侵入身体。在看电视时，我要求她坐在她的小椅子上，坐姿要端正，不能窝在沙发里，她好像很听话，渐渐地被发现的次数就少了。

她今年满 7 岁了，我发现她对两性越来越感兴趣，因为她经常问：妈妈为什么会有体毛？男人为什么会与女人不同？还有结婚之类的问题。她的画中还有两张是男女亲吻，然后画了一个爱心的圆环围住他们，旁边注明：我是多么爱你。看了让我很吃惊，但我还是告诉她长成大人才能有男女之爱，从没有训骂过她（我和老公平时都很注重隐私和个人行为）。我女儿的性格很活泼也大大咧咧，有时候会表现得内向和倔强，但总的来说，和普通的小孩没什么区别。

我越来越担心，越来越苦恼，我要怎样引导和教育我的女儿，能不能纠正她"自慰"的行为？她这么小的年龄，我怕对她各方面都有影响，我只是一位普通的母亲，真的不知道该怎样去处理这样的问题，才鼓起勇气向您求救，希望您一定要回复。

一位苦恼的母亲

这位母亲在邮件中提及的孩子"自慰"行为，是很多幼儿容易出现而家长又束手无策、讳莫如深的问题，确实有讨论和交流的价值，下面是我的答复：

一、儿童自慰行为简析

心理学家一般把儿童的"自慰"称作是"习惯性阴部摩擦"或"习惯性擦腿动作"，我们按照习惯说法称之为"自慰"，但它与成年人的手淫有着本质的区别。

大多数儿童在其生长发育过程中，均可出现或轻或重的类似表现，幼儿在做这些动作时，是一种纯粹的感官刺激活动。问他为什么这样做，绝大部分回答"感觉好玩或舒服"。这种行为最早可发生于幼儿半岁左右时，多数在两岁以后发生，幼儿期及学龄前发生比较频繁，男女孩均可出现，且女孩较男孩多见。上学后这类现象多会自行消失。

关于幼儿产生这种行为的原因，相关的心理学解释是：最初可能是因为好奇，或有局部疾患或是碰巧。如婴幼儿在探索自己的身体时，碰巧摸到自己的某个区域而感到比其他部位舒服、愉快，因此就会再次有意识地去触摸；或是湿疹、包茎、蛲虫病等引起会阴部发痒，幼儿因此不由自主地去摩擦并在此基础上发展为习惯性动作；有时是由于穿紧身内裤引起的；也有部分孩子由于情绪紧张、忧虑，导致频繁触摸生殖器，以消除自己的焦虑；有些甚至是因家长逗弄孩子的生殖器而引起的。

总之，家长应该意识到，孩子出现自慰行为并不可怕，这是小孩子的成长中都要经历的对自己身体探索、认识的过程，是正常的生理现象，它跟孩子在某个时期出现的吃脚丫、吸吮手指的性质是一样的。

二、家长怎样对待孩子的自慰行为

既然孩子的自慰是一种正常的生理现象，家长发现后，没必要大惊失色，更不要用不道德或者羞耻的标准来衡量，切忌对孩子粗暴打骂以及强行制止。这些做法不仅不会减轻这种行为，相反可使儿童更加焦虑、动作频繁。万一孩子因此产生了负罪感，出现自卑焦虑心理，对他的一生都有不利的影响。

关于家长态度不当而对孩子产生的消极影响，《金赛性学报告》中曾有这样的论述："如果父母对于小孩探究其生殖器的反应是忧愁、责骂或处罚，可能会使小孩认为这种方式得到的快乐是错误的，而且认为有这种行为的小孩是'坏'小孩。这种讯息可能会妨碍小孩成年后接受和给予性爱愉悦的能力，而且最后会干扰到建立爱情和亲密关系的能力……有证据显示，当小孩因他的行为被处罚时，往往会有严重的反作用产生。性治疗师指出，许多需要治疗性功能方面问题的成年人，往往在儿童时期有过被警告绝不可抚摸'下体'或曾因抚摸下体而被处罚的经验。"

这些话值得父母深思，发邮件给我的这位母亲，是位明智的母亲。尽管她对女儿的行为充满忧虑，但还是出于母性的本能，特别注意保护女儿的自尊心，采取的是温婉的方式。这样的做法值得一些家长借鉴。

自慰是正常的，但任由孩子沉溺其中，确实会影响其自身成长以及在其他方面的发展。家长怎样引导孩子呢？可以根据实际情况参照下列做法：

第一，检查孩子是否受到局部刺激，如过紧的衣裤，或有蛲虫寄生，或穿开裆裤因昆虫叮咬、细菌感染引起瘙痒，平时要注意保持生殖器部位的清洁。给孩子选择衣服时，要注意挑宽松舒适的衣服。

第二，儿童自慰多在睡前或刚醒时出现，可加强这一时段的看护。如在孩子睡前进行一些游戏娱乐，给他讲故事等，使其疲倦，上床后能很快入睡；睡觉时盖被要适中，不宜过热过厚；睡醒后马上叫他起床，不让他赖床。

第三，发现孩子有玩弄生殖器行为时，温和地提醒他这种行为是正常的，但适合在隐私状态下进行。最好不要当着别人的面，尤其不要在公众场合（教室里）。也可以不动声色地陪孩子游戏，给孩子讲故事，逗孩子玩，把孩子的注意力转移到有趣的事物上去，冲淡他的紧张感和神秘感。

第四，亲情匮乏，被家长忽略的孩子容易通过自慰来摆脱孤独心理。家长要给孩子充沛的爱，给孩子安排充实丰富的生活，满足孩子的情感需求。在家里要关心孩子，主动和孩子交谈，让他多说话，鼓励他多参加集体活动，跟小朋友一起唱歌、游戏、参加户外活动等。孩子的精力正常宣泄，这种情况就会自动消失。

第五，也可借助科普图片，告诉孩子性器官与身体的其他器官一样，都是健康人所不可缺少的重要器官，它们担负着重要功能，提醒孩子好好对待它们、保护它们。

三、家长怎样对孩子进行性启蒙教育

困扰这位母亲的还有一个问题，就是面对女儿对两性话题的好奇，不知如何引导。因为篇幅原因，这里我就不具体展开论述了，我想提醒这位母亲的是：这位孩子的好奇心是完全正常的。心理学家也主张，父母应该对孩子进行性启蒙教育，根据他们的年龄特点，选择适合孩子兴趣及理解程度的有关生殖及性方面的话题，教导孩子形成正确的性观念。

例如，有亲朋怀孕时，是对孩子说明有关婴儿如何存在于母体内的最佳时机，母亲可以告诉孩子婴儿是生长在女性的子宫内——而且要正确地形容子宫正是为了孕育婴儿，如温床似的特别地方；在和孩子一块洗澡时，父母可以以身体为教具，引导孩子认识性器官，使孩子对其不再感到神秘。其实，孩子观察生殖器和观察街上跑的汽车是一样的动机，没有什么区别，他搞清楚了，便没有多大的兴趣了。父母越是遮遮掩掩的，孩子就越好奇。家长别认为孩子对性充满好奇是不道德的事情，而应该为孩子提供一些读物，生动活泼地对孩子讲解性知识，培养孩子健康的性观念。

有心理学家指出：如果孩子进入青春期以前，没有得到正确的性教育，面对突如其来的性冲动，他们将不知所措。当它爆发的时候，一种可能是存在强烈的性压抑，其后果难以预料；一种是性冷淡，其后果可能更为糟糕。所以，儿童时期性教育和帮助儿童性心理得到良好的发展是父母非常重要的职责，尤其是我国的中小学教育对性关注不多的情况下，如果家长再谈性色变，对孩子性心理的发育是极为不利的。建议这位妈妈在网上查找一些对孩子进行性教育的书籍，正确解答女儿提出的问题，陪伴女儿快乐地成长。

六岁女儿说话为何如此伤人

> 天哪！女儿怎么能说出这么伤人的话呢？我认为的理由
> 是，她可能处在"诅咒的敏感期"，自己也不知道这句话是什
> 么意思。

车老师：

我和老公结婚 10 年，女儿今年 6 岁。平时，我带女儿的时间最长，也十分重视对她的教育。但前几天发生的一件事，却令我很受打击。

那天，因为我不允许女儿做一件什么事，她就噘着小嘴说："哼，我去找爸爸。"这还不算完，居然又说出一句："我让爸爸骂你。我和爸爸去哪儿玩，就不带你去！"

天哪！女儿怎么能说出这么伤人的话呢？我认为的理由是，她可能处在"诅咒的敏感期"，自己也不知道这句话是什么意思。只是觉得爸爸支持她，就搬出爸爸撑腰而已。但我还是从她的话里听出她对我的排斥，担心她将来对我不好，那样的话，我这个妈当得就太失败了。

在女儿的教育上，我一向认为"身有伤，贻亲忧；德有伤，贻亲羞"。我可以允许她不那么成功，但绝不允许她在道德品质上有什么欠缺。平常特别注重对她进行"行为、礼貌、礼仪"上的教育。

老公有些强势，动不动就发火，不过发完马上又没事了。我尽量不和他当面发生冲突，以免对女儿产生不良影响。结婚这么多年，虽然我们偶尔会吵架，但感情还不错。老公有责任感、爱家、爱女儿。我很欣慰能让女儿成长在一个富有爱心、父母都爱她的环境里。在我们的努力下，女儿的优点很多：习惯于延迟满足；懂得商量，遇事不

固执；有礼貌，爱学习，老师也很喜欢她。总体而言，她各方面的发展都不错。让我担心的是，她的性格更多遗传了爸爸，也很强势，幼儿园老师说我女儿厉害，小朋友都惹不起她。

在教育孩子上，如果说我和老公有什么不同的话，那就是老公对女儿比我更宽松。比如，我怕女儿发胖，常常控制女儿的饮食，可是老公私底下对女儿有求必应。女儿为了能多吃零食，就喜欢跟着爸爸出去，我也只好接受；有些我不同意她做的事情，她一去找爸爸，爸爸就通融了。这样几次下来，老公和女儿的关系明显比我和女儿的关系好。

这让我很不是滋味。要知道，我对孩子的付出是第一位的呀，但女儿身上流露出的端倪让我害怕，我真担心会教育出一个将来不爱我的孩子，希望听到您的分析！

六岁孩子的妈妈

能看出这位母亲十分重视女儿的教育，还涉猎过一些专业的育儿书籍，因为在她不长的邮件中，自如地运用了"延迟满足"和"诅咒的敏感期"等专业术语。下面是我的分析和建议：

第一，女儿怎么能说出这么伤人的话呢？我认为的理由是：她可能处在"诅咒的敏感期"，自己也不知道这句话是什么意思。

这种推测有一定道理。"诅咒的敏感期"源自意大利幼儿教育学家玛利亚·蒙台梭利关于儿童敏感期的理论，是一种强有力的语言敏感期：一般在儿童2~6岁时出现，儿童在成长过程中，发现语言本身是有力量的，比如有的话（诅咒）能像利剑一样刺伤别人，便开始没轻没重、快乐地使用，以此来试探、发展自己的力量和观察别人的反应。

日常生活中，小孩儿发脾气时经常对父母说的"我打死你""我踢你""讨厌坏爸爸"，包括这位妈妈女儿所说的"我让爸爸骂你"等，都属于敏感期中诅咒式的话语。家长听到后没必要心寒和大惊小怪，乃至怀疑自己教育的失败等，因为这一时期的孩子并不真正理解语言所代表的意义，他们只是在体会语言带给他们的威力和力量。如果他们发现成人对此反应强烈，可能会频频使用；如果成人冷处理，漠然置之，于潜移默化中引导孩子使用美好的词汇和正确的语言表达式，反倒可以抑制，直至帮助孩子安然度过这一时期。

这位妈妈与其为女儿这句话担忧，不如多思考一下：女儿要做的事情是否真的不可取？是否有充分的理由和适当的方式制止？既然女儿是"习惯于延迟满足；懂得商量，遇事不固执"的，为何会对母亲的决定产生如此强烈的不满？是否与孩子沟通的方式欠妥，比较专断，忽略了孩子的感受？真为孩子好，就要讲究方式方法，尊重孩子，让孩子心悦诚服地接受而不是被强制压服。

第二，老公和女儿的关系明显比我和女儿的关系好，这让我很不是滋味我想，这位妈妈纠结的是：她对孩子的付出更多，为何孩子反倒更亲近父亲，这里有恋父情结的因素，也与"父慈母严"的教子方式有关。因为母亲严格让孩子有压力，父亲宽容让她更感轻松和舒适，她自然会更亲近父亲。

任何家庭中，唱红脸的都比唱白脸的更讨孩子欢心。但孩子亲近父亲不等于不爱母亲，她肯定两个都爱，包括威胁母亲的话语中透出的都是对母亲的希冀和呼唤。没必要为此忧心忡忡，应该从更积极的角度看待。良好的父女关系对女儿的成长大有裨益，而且，父女关系好也有利于家庭的和谐与婚姻的稳定，多这样想就可释怀。

第三，女儿身上流露出的端倪让我害怕，我真担心会教育出一个不爱我的孩子。

孩子对父母的爱是从内心流淌出来的感情，不是刻意教育出来的。要让孩子爱父母，父母必须用爱浇灌孩子，将爱的种子根植在孩子心中。关于这一点，可以读读美国心理学家米尔博士提出的"储爱槽"理论。

该理论认为，每个人的内心深处都有个心形的储爱槽，如果这个储爱槽有个计量表，一开始等于零。随着时间的流逝，父母会用自己槽中的爱注满孩子的槽。过了十年、二十年，当孩子脱离了家庭，自己成家，那时孩子的槽已注满了爱。身为成年人的他，因为自己的爱是丰盈的，就有能力爱父母，爱妻儿，因而在一个正常运作的家庭里，爱是代代流传下来的，从父母传给子女。

当然，要让爱在家庭中代代延续，父母给予孩子的爱应该是理性、有节制的，切忌过度溺爱和破坏性的滋养。美国心理医生 M·斯科特·派克在其所著的《少有人走的路》中曾经直言不讳地说："不合理的给予以及破坏性的滋养，都有一个共同特征：给予者以'爱'做幌子，只是想满足自己的需要，却从不把对方心智的成熟当一回事……这样只能对孩子的成长造成误导，使孩子的内心充满痛苦。最终，父母在教育上功败垂成。"

一位母亲曾发帖给我，痛苦地说："自女儿很小，老公就不赞同我对她的教养方式，争执多次，他不再坚持了，女儿却对我充满仇视。女儿聪明漂亮，在家只听她爸的话，对我充满敌意。只要她在家，哪怕刮台风，她也要赶我离开家，直到深夜，她做完功课要睡觉了，才准许我回家。女儿对我的敌视，是我对她教育方式不当造成的，我负有很大的责任。"

上面这位母亲生活的重心是女儿，自以为非常爱女儿，但其不恰当的方式却对孩子的心灵造成了巨大的扭曲和难以磨灭的伤害，所以，我想对这位六岁孩子的妈妈说："真爱女儿的话，一定要尊重她，善待她，将心比心理解她，别太凌驾于孩子之上，将自己的意愿强加给她，如果坚持理性、理智的爱，以民主型的方式教养孩子，相信她长大以后会以丰沛的爱回馈你！"

为何把打骂儿子当成家常便饭

有时他哭，我会把他关在门外，明知这会让他害怕和恐慌，还是紧闭房门，就那样听着"咣咣"的砸门声和哭喊声；更多的时候是吼他，打他，让他不要哭！

车老师：

怀孕时，我信心满满，觉得一定能教育好孩子。因为我酷爱看书，很注重从一些育儿书籍中学习怎样当父母，而且，我对自己的童年心理记忆犹新。现在，儿子3岁多了，他认识不少字，能独立睡觉，收拾玩具区，作息时间准时，自己玩，不黏大人等。听朋友说她们的孩子晚上不睡觉，要陪着折腾到很晚，我还挺有优越感的。

最近，面对儿子，我却有很深的挫败感。因为我发现，虽然天天强调，孩子并没有养成好习惯。比如进门脱鞋洗手就是简单冲下水，明显敷衍我；玩具要经我提醒才能收拾好；对时间基本没什么概念，虽然每天都是同一时间入睡，但并不清楚是什么时候。

我明白要让孩子养成自觉的习惯，不能简单地责备说教，要有耐心并默默付出。但我更喜欢用命令的方式，而他性情执拗，不管我怎样强硬地惩罚，也不让步。这点倒像我。我小时候就是打不怕骂不服，要母亲反过来求我才肯认错，尽管母亲很少打我。

还有，他和我热烈、奔放的个性不同。从小就酷酷的，不爱理人，和认识的人玩时天真活泼。碰到生人，就一直很冷、很抗拒。上公开课，别的小朋友兴高采烈地回答问题，他冷眼旁观，老师拉都拉不上去；去绘画班，老师问什么都不理，不看老师，也不画画；英语老师打电话进行英语电联，他不肯接听；甚至连他爸爸打来的电话都不接。

　　他的这些退缩及不合作行为让我很生气，经常忍不住对他发火。我一发火，他就哭。我明白孩子哭时，需要的是爱，我只要抱一抱他，他马上就会不哭，但我偏偏不肯抱他。有时他哭，我会把他关在门外，明知这会让他害怕和恐慌，还是紧闭房门，就那样听着"咣咣"的砸门声和哭喊声，更多的时候是吼他，打他，让他不要哭！

　　平时我很爱他，经常抱着他亲，他也特别喜欢我。但是一听到他哭，我就耐性全无。我知道母亲的教养方式对孩子性格形成很重要，也清楚我心情好时对孩子又亲又爱，心情不好时对孩子又喊又打的方式，会把孩子的个性搞出问题。我想克制，也在白板上把对自己的要求写下来天天看。但只要听到孩子的哭声，我就没办法不发火。现在，对哭泣的儿子进行打骂几乎是家常便饭了，我根本无力控制自己。

　　以前感觉需要看书，现在觉得看书也没用。我不明白我到底是怎么回事儿。有个那么好的老公，对我包容如兄；父母非常疼爱我，童年也没什么阴影；婆婆待我如亲女，夫家的兄弟姐妹，也都是值得亲近的人；孩子长得可爱，别人也感觉我很疼爱孩子，只是有时候脾气急。那我还需要什么？

　　车老师，我为什么会这样？我到底怎么了？我需要你的帮助，请答复！

一凡

　　看一凡的邮件，有种毛骨悚然的感觉，特别心疼那个在母亲打骂中哭泣的小男孩。母亲无法控制自己时，最好别对孩子"乱作为"，因为管好自己是教育好孩子的前提。下面是我的建议：

　　首先，任何一本育儿书都不会提倡对3岁的孩子实施打骂，这极容易扭曲孩子的性格，给他心灵刻下抹不去的阴影，以后让孩子形成强迫症、焦虑症等心理障碍或者养成暴力人格。所以，无论什么理由，一凡都要立刻中止对孩子的打骂行为。

　　凭直觉，我猜测一凡可能患有冲动型人格障碍和强迫症倾向。因为她明明知道孩子需要爱和拥抱，却拒绝给予；明明知道打骂孩子对孩子性格不利，却无法控制自己。建议她到专业的心理机构进行测试和咨询，以便更准确地知晓自己的情形，对自己的情绪进行控制和梳理。

在情绪平稳之前，最好与孩子分开一段时间；控制不了自己时，可以打沙袋、打枕头，千万别再打孩子；即使通过心理治疗，情绪已经稳定了，也不宜每天都对着孩子虎视眈眈，能够找份工作分散对孩子的注意力更好。

其次，关于幼儿的生长发育，有句俗语：三翻六坐八爬，十个月会喊爸爸。这句话说明孩子身心的发育水平及各种技能的形成遵循一定的自然规律，最简单的例子，再高明的教育家，也无法通过教育让仅有1个月大的婴儿张口喊妈妈；再寻常的母亲，只要给予适当的引导，孩子10个月大以后，都会喊出"妈妈"这个甜美的称呼。

一凡非常注重孩子行为习惯的养成，但对孩子的要求过高，有点不切实际，比如她说"对时间基本没什么概念。虽然每天都是同一时间睡觉，但并不清楚是什么时候"。

按照孩子时间观念形成的规律，3岁幼儿能区分白天、黑夜和早晚就不错了，5~6岁才可能弄清楚具体的时间是几点钟。无视孩子的接受能力和实际水平，强行拔高并指责打骂，只会让孩子惶恐、退缩、自卑。家长真爱孩子的话，应尊重孩子生长发育的规律，了解孩子各项能力发展的关键期，对孩子因势利导，绝对不能揠苗助长，损害孩子的发展。

还有，孩子的气质是与生俱来的，气质不同，性格就不同。比如说：多血质的孩子活泼好动，善于交际，思维敏捷；而抑郁质的孩子生来就内向敏感，言行缓慢，优柔寡断。家长要做的是了解孩子的气质类型，帮助孩子扬长避短，而不是先设定一个框，不管不顾地把孩子往这个框里套。

一凡希望孩子开朗活泼，如果孩子是抑郁质的，这就有点强孩子所难了。她需要弄清楚孩子所属的气质类型，在不熟悉的人面前退缩、冷漠的原因。比如，孩子是否是因为对绘画不感兴趣才拒绝跟老师交流，孩子是否因自卑才不敢上台发言，孩子的自卑和冷漠与一凡的打骂是否有直接关系，等等。弄清原因，对症下药，清除孩子的疑虑，才能真正帮助孩子成长。目前的做法只会让孩子更无助、更自卑、更惶恐，甚至埋下暴力的种子。

最后，我想对一凡说，教育孩子不需要多么高深的知识，但母亲一定要有爱心、耐心和平常心，一定要以理智平和的心态和孩子相处，引导着孩子健康成长。

幼师一句话吓哭全班娃

> 女儿很伤心地问我："是不是我们都听老师的话，不惹老师生气，她就不会不要我们了？"

车老师：

我女儿快 4 岁了，在一所幼儿园读小班。最近，女儿告诉我，她们幼儿园老师经常说，小朋友们不听话，老师不要他们了，要去教托班。说完就走，弄得全班大部分小朋友哇哇大哭，有些扯衣服，有些抱大腿。其中，就属我女儿哭得最厉害。而且，上学期这种事情就发生过一次。

女儿所在的小班共有 3 位老师，39 个小朋友。前几天，有一位女老师被调去教其他班，说是交换一个月，我们家长也不太清楚怎么回事。但女儿回家后，对我说，老师走的时候，对全班小朋友说："不要你们了，我走了，去教托班了，谁让你们不听话！"

女儿很伤心地问我："是不是我们都听老师的话，不惹老师生气，她就不会不要我们了？"

女儿的话让我很担心，我觉得年幼的孩子很难准确理解"听话"的定义。老师这种明显带有强迫、恐吓的表达方式很容易压抑孩子的个性，培养孩子盲从和胆小的性格。

我忍不住把我的想法发布在小班 Q 群里，女儿班上的老师看到了，打电话质问我，说我们当家长的很离谱，怎么这么说她们老师，说这怎么算强迫、恐吓？小朋友应该经受挫折教育。现在得罪老师，摊上事了。但我总感觉老师的做法有问题，就是无法表达出来。车老师，幼儿园老师这样对待孩子，对不对呢？盼答复！

咚咚妈

幼儿园的孩子"向师性"很强，是最为崇拜老师和信奉"权威评价"的年龄段。在他们幼小的心灵中，老师无异是天，是最了不起的人。正因如此，老师一句轻飘飘的"不要你们了"才唬得孩子哇哇大哭，甚至用扯衣服、抱大腿等行为方式表达对老师的依恋之情。

幼儿园老师认为她们有权这么做，甚至把此举定义为对孩子进行挫折教育，实际上，她们的做法是错误的，是利用师生间不平等的地位和职业特权对无辜的孩子实施语言暴力。所谓的语言暴力，就是使用谩骂、诋毁、蔑视、嘲笑等侮辱歧视性的语言，致使他人的精神上和心理上遭到侵犯和损害，属精神伤害的范畴。（定义引自百度词条）

就以咚咚妈所举的"幼儿园老师经常说，小朋友们不听话，老师不要他们了！"这句话为例，"不要"是很不负责任的抛弃，"不听话"含有强烈谴责的味道，这句话从孩子们崇敬的老师口中说出，也许老师只是想显摆一下自己的重要性，享受一下被孩子崇拜的感觉，并不当真。但对思想单纯又缺乏辨析能力的孩子来说，来自老师的"权威性"的评价让他们深信不疑，他们会觉得是自己不好，不听话，惹老师生气了，才把老师气走了，不知不觉中给自己贴上"不听话的坏孩子"的标签。他们哭泣、扯衣服、抱老师的大腿的行为后面，显示的是自卑、焦灼、惶恐而无助的内心，这对孩子的人格伤害很大，也不利于孩子自尊、自信的养成。关于语言暴力对孩子的伤害，北京师范大学心理学教授邹泓说："同伴或老师实施的语言伤害，会在孩子的心理上投下一种阴影，致使他们不再相信外部世界，觉得这个社会是冷漠的、恶毒的，对社会产生一种强烈的排斥感……"

咚咚妈对女儿性格的担忧和对幼师言行的质疑很有道理，但从幼儿园老师理直气壮又盛气凌人的反应来看，因为人文素养及师德的欠缺，她们似乎并没有意识到自己的话语有什么不妥，因为意识不到，就极有可能利用自己的话语权和强势地位，浑然不觉间对孩子实施语言暴力，这是孩子的悲哀，更是教育的悲哀！

　　若有条件的话，建议咚咚妈给女儿转到师资素质高，管理规范的幼儿园；若转园困难的话，除了尊重女儿，多给女儿公正、正面的评价以培养女儿自尊、自信的性格之外，发现老师对女儿有语言暴力或者其他报复行为，可以联合其他家长向幼儿园园长投诉，大家共同抵制不良幼师的"语言暴力"。当然，家长对孩子，老师对学生，领导对下属也应尽量避免使用"语言暴力"。

女儿在幼儿园频频尿床为哪般

这已经是第三次了，我那四岁半的女儿小宝尿在幼儿园
的床上，小宝说就是怕老师说，才尿在床上的。

车老师：

这已经是第三次了，我那四岁半的女儿小宝尿在幼儿园的床上，并且是没睡着，睁着眼睛尿的。三次都是同一个老师值班，老师责问罚站后，就叫她那样湿湿地睡在了床上。我去接孩子时，老师提醒我对孩子上点心，不要太惯孩子，家园必须步调一致才行。

我这个当妈的既心疼又难过，然而在孩子面前表现出来的却是极端愤怒，觉得小宝这样做实在不可理喻，非要问出个为什么来。我恐吓她，说不要她了，还把她带到了火车站打算扔掉。

小宝吓得呜呜直哭，两人闹累了，安静下来后，我问："老师并没不让你去尿尿，你怎么不去呢？"

小宝说："刚刚尿过了（从老师那里我知道这个刚刚大约是十分钟），不敢再去，怕老师。"

我说老师不会说你，小宝说就是怕老师说，才尿在床上的。另外，小宝虽然聪明，却是那种不服管教的孩子，老师越说她，她的逆反心理越强，越要和老师对着干。

在家她表现还是挺好的，善良、懂事、体贴、勤快，我说的是公道话。为什么到了幼儿园差别那么大？我觉得孩子睁眼尿床不是来不及了，就是老师管教太严了。那位值班老师却说："对就是对，错就是错，不能一味迁就孩子。"我实在不知该咋办了，请车老师帮

帮我！

怡心

其实，孩子尿床并没有那么可怕，家长弄清原因，对症下药就可帮助孩子摆脱困扰。

一般来说，孩子尿床主要有生理原因，如泌尿道感染、尿道口局部炎症等（需要到医院检查确认）；卫生习惯不良，如孩子自小缺乏排便训练、尿道不洁等；更多的是心理原因，如对陌生的环境和老师不适应，情绪太过紧张和兴奋，害怕被老师责罚等。

从怡心的陈述来看，小宝在家表现良好，出现的三次尿床行为均是同一个老师值班时，理由是想尿尿但不敢告诉老师，怕被老师说。从那位老师罚孩子站，让孩子睡在湿冷的床铺上及迁怒于家长的系列行为来分析，我认为，正是因为该老师对待孩子严厉粗暴、缺乏爱心，才导致孩子精神紧张、内心恐惧，出现睁着眼睛尿床的行为。

要让小宝不再尿床，关键是消除她对该老师的恐惧情绪。遗憾的是，盛怒状态下的怡心女士，积极充当那位老师的帮凶，把满肚子邪火撒在可怜的孩子身上，甚至做出把孩子带到火车站，要扔掉孩子的恐吓行为。

说实话，我真的很为小宝担忧，如果小宝是个敏感脆弱的孩子，在承受被老师责罚、被母亲威胁要扔掉的痛苦之后，也许，她尿床的症状会更加重，对幼儿园的恐惧会加深，即使勉强维持着常态，坚持去幼儿园，内心也必将焦虑不安。如果不及时对小宝进行心理疏导，她的人格发展极容易出现偏差，甚至在成年后可能出现交际困难、偏执、惧怕集体生活等障碍。我不是在这里危言耸听，女作家三毛初中时被数学老师眼上涂墨示众后，曾有七年时间在家自闭，不上学，不接触外人。很多成人的精神问题均源自童年创伤，对于一个4岁的小女孩来说，被老师和母亲如此摧残，这该是怎样一种无法言说又无法消解的痛啊！为避免对孩子造成更大的伤害，加重其尿床行为，特给怡心女士建议如下：

第一，缓解女儿的恐惧情绪，修复女儿的自尊心。

孩子的自尊和快乐比什么都重要。心怡女士需尽快平复内心焦躁的情绪，真心诚意地向女儿道歉，和女儿一起请假一个星期。在这段时间里，悉心陪伴女儿游戏玩乐，密切关注女儿的情绪状态，多鼓励肯定女儿，传递对女儿的爱意，驱散女儿心头的恐惧感，让女儿从温暖的母爱中获得力量，找到安全感，重建自信。

第二，倾心交谈，掐断女儿的恐惧之源。

多和女儿交谈，了解值班老师对她的态度是否符合职业规范，除了已知的责罚手段之外，有没有其他威胁、恐吓、羞辱孩子的言行。还有，要弄清楚在该老师值班时，是只有女儿一个人充满畏惧，出现尿床行为，还是多个孩子都发生此类行为。

假如孩子确实从老师那里多次遭到过打骂、威胁，已经对该老师充满恐惧，可以向园长投诉老师罚孩子睡在湿冷的床铺上的卑劣行径和粗暴伤害孩子的行为，在征求女儿意见的基础上，给孩子转园，掐灭孩子的恐惧之源。等孩子情绪稳定，排便正常后，将孩子送到一间管理规范的幼儿园，提前和园长沟通，让孩子在有爱心、有良好的职业操守的老师那里受教，在一种温暖友好的环境中成长。

怎样调节女儿对父亲的恐惧心理

> 我们的女儿已经 5 岁了，老公很喜欢她，可是当孩子稍有磨蹭、不按时起床这些小毛病时，他就会从反复指责到大声呵斥甚至到威胁要动手打孩子。

车老师：

我老公在 8 个月大时被送到外婆家寄养，上小学后才被接回父母家。他母亲用各种随手拿到的棍状物对他严加管教，事无巨细一定要听她的，不听话就暴打，打不动就十几二十几遍地说到他听话为止。

成家后，老公有时会在我面前像孩子一样撒娇，更多时就是指责抱怨（我"错"了）和推卸责任（他错了）。现在我们的女儿已经 5 岁了，老公很喜欢她，可是当孩子稍有磨蹭、不按时起床这些小毛病时，他就会从反复指责到大声呵斥甚至到威胁要动手打孩子。我们对他是又怕又厌恶。我觉得他对女儿行为的反应过于激烈，很像他母亲的做派。

我该怎样做才能改变老公的做法？如果改变不了，我又如何调整女儿对他的厌恶和恐惧心理？盼答复！

秀雅

一、孩子复制父母行为的心理原因

秀雅的老公有一位严厉且粗暴的母亲，他深受母亲管教之苦，成为父亲后，在对待女儿的态度上，却不由自主地复制着母亲对待自己的方式。生活中很多人都如此，不满于父母的婚姻，却重复着父母的婚姻模式；讨厌父母的暴力，却对配偶和子女极尽暴力之能。有人用

"跟什么人学什么样""孩子是父母的镜子"等话对这类情形进行了生动的概括，这不是故弄玄虚，而是蕴含着深刻的心理学道理。

首先，孩子性格形成的关键期是在生命的早期，一般来说0~5岁是孩子发展自信和自尊，学习自我约束，掌握各种规矩和要求的关键期。从我国的"三岁看到老"到西方的各种早期教育理论，都证明了早期良好性格养成的重要性。而0~5岁，孩子最亲近的人是父母。父母的言谈举止、行为习惯，无一不对孩子产生着潜移默化的影响。

著名教育家陶行知说："孩子们的性格和才能，归根到底是受到家庭、父母，特别是母亲的影响最深。孩子长大成人以后，社会成了锻炼他们的环境。学校对年轻人的发展也起着重要的作用，但是，在一个人的身上留下不可磨灭的印记的却是家庭。"

其次，模仿是孩子最重要的学习方式，父母则是孩子最容易模仿的榜样。

关于儿童对成人榜样的模仿，美国社会心理学家班杜拉和他的助手设计了一系列的实验，其中比较著名的实验是波波玩偶实验。在这个实验中，他让儿童们观看一部录像，录像中一位模特攻击性地殴打一个名叫波波玩偶的塑料小丑。"模特用棒槌敲他的头部，把它朝下猛摔，坐在它上面，反复地打它的鼻子，把它抛到空中，用球击打它……"看完录像后，儿童们被放在一间有好玩玩具的房间里，但他们不能动玩具。因此，儿童们变得愤怒和沮丧。然后，把这些儿童领到一间放着和录像中同样玩具的房间。班杜拉和许多其他研究人员发现：88%的儿童模仿模特的攻击性行为。8个月后，40%的儿童重现波波玩偶实验中观察到的暴力行为。

这个实验提醒我们：儿童在缺乏辨别力的情况下，会不由自主地模仿成人的行为，在暴力家庭中长大的男孩极可能成为暴力成性的父亲和丈夫；缺乏母爱的女孩成为母亲后也不懂得如何去爱自己的孩子。而且，儿童更多的是模仿家长的行为，很少受家长口头说教的影响。所以，身教重于言教，家庭无小节，处处是楷模。家长一定要修身养性，给孩子当好榜样，才能培养出健康可爱的孩子。

二、怎样改变老公粗暴的教子方式

这位老公爱妻女，却习惯于指责和抱怨，使得妻女内心对他充满恐惧和厌倦，他本人却对此浑然不觉。在某种程度上，他是母亲不良教育的牺牲品，有他身不由己的一面，但为避免他的悲剧性格在女儿身上重现，这位女子应该尝试一些做法，积极改变老公。

1. 多买些好的教子书，提高其教育素养

教育孩子是门艺术，家长多涉猎一些教育心理学书籍，多看一些比较畅销的教子书，多了解儿童的心理，顺应儿童身心发展规律才能教育好孩子。

这位女子可买一些市面上比较畅销的教子书，如《哈佛女孩刘亦婷》《好父母 好孩子》《今天我们怎样做父母》《中国孩子成功法》等，放在老公的案头。利用老公爱女心切，建议他多看看，懂得尊重女儿、爱护女儿，设法成为受女儿欢迎的好父亲。

2. 委婉提醒，积极暗示

在老公情绪好、不乱发脾气的时候，积极肯定和鼓励他，说自己和女儿就喜欢他心平气和的样子，强化他积极的情绪反应。有时，可以不动声色地引导他回忆母亲的粗暴带给他的伤害，委婉地提醒他，他对女儿的指责和威胁是在重复他母亲的行为，会让女儿感到恐惧和焦虑，这对女儿的长远发展是不利的，让他将心比心，对自己粗暴行为的后果能意识到并且产生克制的念头。

3. 冷处理，及时对孩子进行心理疏导

在前两步铺垫的基础上，他如果再对着女儿喋喋不休，大声指责和抱怨，自己可以冲上前去，迅速地带着女儿离开他。然后陪女儿到娘家小住或者到外面的儿童娱乐场所游玩，在女儿情绪好转之后，心平气和地和女儿交流，驱散她心头的恐惧。对老公可以冷处理，晾他一下，等他主动认错，或者愿意悔改的时候，再让他见女儿。

4. 多陪孩子游戏娱乐，多赏识鼓励孩子

努力让女儿接受高品质的幼儿园教育，多陪女儿游戏娱乐，多赏识鼓励女儿，认真感悟女儿的心声，成为女儿可信赖的朋友和坚实的依靠，努力培养女儿的自尊和自信。假如母亲能够帮助女儿养成健康的人格和思维方式，她不但能从容应对父亲的指责，保护自己少受伤害，甚至在某种程度上，可以帮助父亲成长，提升父亲的素质。

总之，老公的人格不成熟，妻子绝对不能怕他、助长他，要努力去修正他，努力呵护好女儿，给女儿奠定温暖明亮的人格底色。

怎样帮孩子克服"恋乳"情结

> 我的儿子今年7岁了，感觉他很喜欢摸我的乳房；还有
> 一次，舅妈喂奶时，他在旁边捏舅妈的乳房，我把他拉出去了。

车老师：

我的儿子今年7岁了，感觉他很喜欢摸我的乳房。他是10个月时断奶的，吃母乳时没有摸乳房的习惯，只是一只手拍我后背。断奶后用奶瓶吃奶时，要一边摸着乳房一边吃，不许的话就有些烦躁。这种情形持续了大概一年左右，主要是保姆喂奶时他才这样。给孩子断奶前后我都在上班，但中午和晚上都在家吃饭。

儿子渐渐长大后，喜欢跟大人开玩笑，摸大人的腰啊，挠痒痒什么的。看到有人给孩子喂奶也会在一边观看。今年"五一"出去玩，他舅妈在公园给妹妹喂奶，他赶紧站在前面挡住，不让别人看见。还有一次，舅妈喂奶时，他在旁边捏舅妈的乳房，我把他拉出去了。

平常他想摸我乳房，我一直不让摸，他有意无意地触碰我的胸部时，我也没有明确地说他，怕说多了，反而不好。只是委婉地提醒他："人的身体有些是隐私部位，不能给别人看和摸，也不能去摸别人。"

昨天在商场，他和同学公然地去摸模特的胸和大腿间，我忍不住又有些担心了。他这样正常吗？说实话，现在，我都有点怕儿子抱我了。我该怎么办？盼复！

我觉得这是小时候这位年轻妈妈给孩子断奶方式不恰当引起的后遗症，因为纠正不及时，延续至今。下面是我的分析和答复：

一、孩子"恋乳"的心理原因

从出生到一岁的孩子心理学上称为乳儿期。乳儿，顾名思义就是吃奶的孩子。孩子吃母乳，不仅仅是满足生长发育的需要，更是安抚和亲密的源泉。这方面有很多相关的心理研究和实验的支持。

比如，心理学家哈洛等人设计了一个实验，研究幼小的猴子对母亲的依恋。他制作了两种假的猴妈妈：一种假妈妈是用铁丝编成的；另一种是先做一个母猴的模型，之后套上松软的海绵状橡皮和长毛绒布。实验的时候，把刚刚出生的小猴放进一个笼子里，观察它究竟喜欢里面的铁丝妈妈还是布妈妈。一个有趣的现象出现了：如果铁丝妈妈身上没有奶瓶，而布妈妈身上有，小猴很快就和布妈妈难舍难分；即使奶瓶放在铁丝妈妈身上，小猴也不愿意在铁丝妈妈身边多待一会儿，只有感觉饿了才跑去吃奶，其余的时间都依偎在布妈妈的怀里。哈洛等人对此进行了解释："小猴对母猴的依恋并不只是因为母猴能给它喂奶，更重要的原因是母猴能给小猴以柔和的感觉。"

这个实验说明：孩子不仅仅需要母亲的乳汁，更需要母亲的爱！喂奶满足的是孩子物质和精神的双重需要。同样让孩子吃母乳，母亲的态度不同对孩子的影响也不一样。如果母亲把喂奶当任务，孩子吃着奶，自己却想别的，或者孩子一哭就用奶头堵嘴，会让孩子感到焦虑烦躁；如果把孩子抱在怀里，妈妈一边微笑一边轻拍孩子，孩子一边吃奶一边倾听妈妈熟悉的心跳和亲切的话语，孩子不仅饱吸了甘甜的乳汁，而且享受到了醉人的母爱，会身心和谐。所以，吃奶的孩子"恋母"也"恋乳"，母亲正确的喂奶方式，有利于孩子的身心健康。据研究，一个成人良好的习惯，有规律的生活方式，往往与乳儿期吃奶的习惯有关。

二、谨防不恰当断奶引发的各种断奶后遗症

随着宝宝月龄的增大，母乳已很难满足孩子成长发育所需的营养了。所以，一般父母会在宝宝长到10~12个月时给孩子断奶，这是第一次"生理性断乳期"。对于通过吃奶对母亲产生亲密依恋的孩子来说，断奶不单单是营养的转变，更重要的是在情感上失去在母亲怀里吸吮和偎依的机会，断奶的孩子情感上很敏感，更需要母亲情感上的高度关注。孩子在断奶阶段最需要的是母亲让他确信他依然是被爱着的。

生活中很多母亲为了避免孩子纠缠哭闹，采取离开孩子一段时间，把孩子托付给长辈或保姆带，或者在奶头上涂辣椒、红药水、黄连水让孩子嘴巴吃点苦头，望奶生畏，甚至故意冷淡孩子、疏远孩子以达到断奶目的。这些都属于不恰当的断奶方式，和孩子的需求背道而驰，容易给幼小的心灵带来创伤，让孩子心理恐慌，缺乏安全感，产生情感焦虑并引发包括摸乳房、摸胳膊、摸耳朵、咬被角、抱母亲的衣物在内的各种断奶后遗症。

发邮件的这位女子，在孩子断奶期间，自己忙于工作，只在吃饭时可以见到孩子，孩子主要由保姆来带，保姆用奶瓶喂奶时，孩子因为缺乏安全感，烦躁不安，出现抚摸保姆的乳房寻求慰藉的行为，她和保姆对孩子这种行为没有及时纠正，而是听任它持续了一年。由此可知，她七岁的儿子之所以对乳房有特殊的兴趣，就是当年断奶方式不恰当，他出现"摸乳"行为时没有及时纠正而延续下来的断奶后遗症。

三、怎样帮孩子克服"恋乳"情结

断奶期是第二次母婴分离，也是宝宝成长过程中的一个重要里程碑。从完全吸食母乳到断奶，从习惯于母亲香甜的乳汁到彻底告别，孩子需要一个适应过程，更需要母亲采取正确的断奶方式，并对断奶期间孩子出现的各种不良行为及时矫正，帮孩子从生理到心理上戒断对母乳的依恋。

对于断乳期孩子出现的摸乳房、摸耳朵、咬被角等行为，母亲可以尝试一些办法转移其注意力。比如，把孩子的手轻轻挪开，指着色彩鲜艳的玩具给他看，抱着他在房内边哼儿歌边走动，或者陪他做游戏、讲故事等，满足孩子的情感依赖，缓解他内心的紧张感。只要母亲有足够的爱心和耐心，方式得当，孩子的这些坏习惯在短期内是可以改掉的。

这位妈妈因为错过了纠正的最佳时期，现在再纠正有点困难，但积极采取一些行动，还是可以帮孩子摆脱"摸乳"行为的，可以尝试以下一些方法：

（一）转移注意力法

孩子出现碰触乳房行为时，不动声色地握住他的手，拉着他去做他感兴趣的事情，比如讲故事、玩游戏、和他一起看动画片等。转移他的注意力，也逐渐淡化他对乳房的关注。

（二）亲子沟通法

孩子摸乳其实是情感上依恋母亲，渴望母爱的信号。不管工作多忙，每天一定抽点时间陪孩子，跟他交谈，陪他做游戏，跟他做朋友，让他享受到充沛健康的母爱。如果孩子能感受到并且获得了安全感，自己就会减少对母乳的依恋。

（三）环境熏陶法

给孩子布置充满温馨与童趣的房间，鼓励孩子听音乐，看适合他的漫画与图书，培养孩子的兴趣与爱好，引导他过充实而有规律的生活。条件允许的话，经常陪孩子到大自然中走走，让绚丽多姿的大自然开阔他的视野，陶冶他的心灵，丰富他的内心体验，让孩子在心旷神怡中心胸逐渐变得开朗豁达，转移其摸乳房的不良习惯。

（四）情理说服法

7岁的孩子还是天真烂漫的儿童，母亲因势利导，对他进行情理说服，也可以达到一定效果。比如，她说"舅妈喂奶时，他在旁边捏舅妈的乳房，我把他拉出去了"，拉出去只会增加孩子的好奇心，如果把他的手轻轻握住，蹲下来和颜悦色地问他："妹妹这么小，吃奶时都不摸她妈妈的乳房，你这么大了还去捏，妹妹长大以后会羞你的。你想让妹妹这样羞你吗？"然后用手指比画着做羞他状，在嬉戏中让他感到惭愧，自觉收敛摸乳行为。

对于他在商场和同学摸模特的胸和大腿间的行为，可以请商场的工作人员出面制止，利用职场权威对他们起到警示作用，母亲乘机委婉地提醒他们，这类行为是不受欢迎的，希望以后不要再犯。

希望这位母亲用爱心、耐心和慧心，纠正孩子的不良习惯，让孩子健康成长！

孩子什么时候上小学最好

> 我女儿今年报名的话，比规定年龄小了1个月零6天，有可能是班上年龄最小的；如果推迟到明年再上小学，她已经6岁零11个月了，可能是班上年龄最大的孩子。

车老师：

我的女儿10月6号出生，按照教育局8月31号以前满6周岁才可上小学的规定,我女儿今年报名的话,比规定年龄小了1个月零6天,有可能是班上年龄最小的；如果推迟到明年再上小学，她已经6岁11个月了，可能是班上年龄最大的孩子。

是让她提前一年上，还是推迟到明年再上，这个问题确实难以抉择，也是很多家长都面临的普遍性问题，您能对此进行分析答复吗?谢谢!

焦灼的家长

一、满六岁上小学的依据

2006年6月新修订的《中华人民共和国义务教育法》第十一条规定："凡年满6周岁的儿童，其父母或者其他法定监护人应当送其入学接受并完成义务教育;条件不具备的地区的儿童,可以推迟到7周岁。"

应该说，国家规定满6岁为孩子法定的入小学年龄，是符合孩子的身心发育规律的。首先，人的学习以脑力活动为主，故正规教育开始的最佳时期，应该以脑发育为重要的生理指标。据科学家研究，6周岁时，正常儿童大脑已从出生婴儿的350克，生长到1200克，达到成人脑重量的90%，智力发展水平也相当于17岁智力发展水平的

70%。还有，6 岁的儿童，其身体发育相对稳定，小肌肉、大肌肉动作已经较为灵活，通过家庭教育和幼儿园阶段的训练，已经拥有一定的学习能力、自理能力以及人际交往能力，情绪也相对稳定。无论是生理还是心理方面的发育状况，均具备了入学接受正规教育的条件。因此，这个年龄是孩子入学的最佳年龄。适龄入学，会有力地促进孩子智力发展，为其身心健康奠定基础。

我国从 20 世纪 80 年代中期至今，一直执行儿童满 6 周岁入学的规定。其他国家，儿童入小学的年龄要求不尽相同，但大都限定在 6 到 7 岁之间，有些发达国家允许孩子 5 岁入学。

二、月龄偏小的情况下，入学早晚要因人而异

为便于操作，很多地方的教育行政部门将满 6 岁入学的规定细化为：8 月 31 日前，年满 6 周岁才可以上小学。这一规定确实给很多家长带来困扰，尤其是如上文这位家长所说的情形，因为月龄原因，早上一年，怕孩子年龄偏小，跟不上；晚一年，又怕孩子年龄太大，加重孩子的心理负担。家长该如何面对这个棘手的问题呢？

我觉得月龄偏小的情况下，家长一定要综合考察孩子的智力、语言、性格、性别等多种因素，根据孩子自身的实际作出选择。在这方面，我有深切的体会。我是 6 岁报名上的小学，因为没有接受过系统的幼儿园教育，智力发育比较慢，是晚熟型的。我在小学读了几个月，听课就像听天书，老师布置作业也不知道要完成，只是抄了题目原封不动地交上去，经常被老师批评和罚站，是典型的差生，没有人觉得我是读书的料。恰好此时母亲找到一份工作，小我 4 岁的妹妹没人带，父母决定让我休学一年带妹妹。

我带了妹妹一年，第二年她上幼儿园，我再回小学读一年级。因为已经 7 岁，心智相对比较成熟，再读书时一下子开窍了，接受起来很容易，成绩始终名列前茅，直至一帆风顺地考上大学。现在妹妹都自称是我的恩人，如果不是因为她，我懵懵懂懂地以差生的身份硬着头皮读下去，肯定会一差到底，与大学无缘。学了教育心理学中关于成熟的理论之后，我深以为然，也为当初的自己捏了一把冷汗。

与我形成鲜明对比的是我儿子，他是 5 岁多点儿上的小学。当时，我之所以决定他提早一年入学，是觉得他思维敏锐，语言表达能力强，对幼儿园生活适应得也很好，再接受学前班的教育有点浪费。事实上，尽管他的年龄在班里垫底，一直要跟比他大一岁甚至两岁的孩子竞争，但因为语言、智力及性格上的优势，他从小学到高中，读书一直轻松而且富有成效。在小升初及中考中都考得很优异，在人际交往及其他班级活动中，表现也毫不逊色。

我想说的是：孩子的身心发展存在差异，有的孩子智力早熟，思维敏锐，性格开朗，早几个月入学，一样可以如鱼得水，成为同龄人中的佼佼者；有的孩子智力晚熟，语言发育迟缓，身体瘦弱，即使适龄入学，追赶同龄人都难，推迟几个月入学，适应起来反而更从容一些。

况且，孩子入小学，面临的并不单纯是学业上的竞争，还有人际交往，性格习惯的养成，运动场上的较量等，这些都受孩子身心发展水平的制约。通常情况下，5 岁 10 个月的孩子和 6 岁 10 个月的孩子相比，在智力及体能上肯定存在差距。一个孩子在群体中如果因为年龄和智力原因处于劣势会产生挫败感，对学习产生畏难退缩心理，这对其学业不利，对其性格形成当然也不利。而年龄大一点，身心的成熟度相对更高一些，适应小学生活往往更轻松、更容易。

综上所述，看似早一年晚一年入学，实则影响的是孩子长远的一生，所以，孩子的实际情况是首选的衡量因素，家长应综合考量孩子各方面的条件，尤其是语言、智力的发展状况，谨慎地作出选择。

小学的面试怎么这么难

车老师：

我儿子今年6岁，我觉得他很正常，不是很聪明，但也绝对不笨。他喜欢听故事，喜欢看书，我买了上百本他喜欢的书。他大概认识百十个字，语言表达能力很好，每天给我讲他自己编的故事，还虚拟了一个他喜欢的奥特曼，起名叫"小多多"，给我讲小多多的各种趣事。他特别喜欢画画，不让我给他报绘画班，但每天自己画十几张画，画出喜欢的动物就讲给我听。

他身上具备很多让我骄傲的品质，比如，看见小朋友摔倒了，他跑过去扶起来；看见别的小朋友拿东西很费力，就上前搭把手；他在幼儿园想当班长，自己直接去找老师谈，等等。今年，他该上小学了，由于户口所在地房子已经拆迁，我们选择的不是户口所在地的学校，这就要参加学校的面试。我们并没有给他选择北京很难进的小学，只是中上水平的那种，我以为他通过面试应该没有问题，没想到一连面试了两所学校，老师都说他的思维不行。我很困惑，小学的面试怎么这么难？当然，有的面试题明明他会，但是，他告诉老师说不会，也影响到老师对他的评判。

在幼儿园，他确实是对拼音、识字、数学加减法不感兴趣，基本的拼音和10以内的加减法都会，但不是很熟练。我怕给他太大的压力，让他丧失学习兴趣，从来没有强迫他学习。我以为有这程度就可以了，以后上小学这些还是要学的。他喜欢玩，我就尽情地让他玩。我认为孩子的童年就该无忧无虑地好好玩，没想到现在上一个小学都这么难。

两所学校都说孩子不行。我爱人是个暴脾气，这个周末就强压着孩子背拼音、学写字，还指责我把孩子惯坏了。孩子昨天晚上睡觉，梦中还不停地说我要画画，因为周末爱人让他写字，剥夺了他画画的权利。

我不是娇惯孩子，只是不希望对孩子实施粗暴强制的教育。况且，我认为孩子也不是不爱学习，只是他目前的心智和年龄的发育没有匹配，我希望再等一等，让他心智真正成长成熟起来。今天，我跟爱人沟通，说我宁愿要一个健康快乐的孩子，不希望看到一个愁眉苦脸、被学习压得透不过气来的孩子。

车老师，我看了现在的小学课本，对他来说确实难了些，我怕他跟不上，到时候受到太多的挫败，将来对学习更没有兴趣了。所以，我想让他晚一年上学，不知道这个决定是不是对？希望您能给些建议！

雾凝

从雾凝的描述来看，她儿子的语言表达能力、形象思维能力和观察能力都很强，尤其是在绘画方面表现出的热情和想象力是很卓越的，引导得当，应付小学的功课绰绰有余。

假如让他推迟一年入学，一方面他总觉得自己是班上最大的，可能会因年龄而自卑；另一方面，小学的课程相对于他已经具备的能力如果太过简单，也容易抑制他的积极性。基于以上理由，我不大赞同仅仅因为没有通过小学的面试就让孩子推迟一年入学的做法。

建议雾凝搜集一下想加入的小学最近两年的入学面试题，对孩子加强面试的训练和指导；或者聘请资深又主持过面试的小学老师对孩子进行一下专门辅导，设法帮孩子通过这一关。同时，对孩子以尊重、鼓励为主，保护好他的绘画热情和语言天赋。

不过，说句老实话，上个小学还面试，这种做法不管基于何种理由都是荒谬的、不可取的。且不说小学是义务教育，适龄入学是每个孩子的权利，单就面试题的设置而言，是否客观、科学，能否鉴定出孩子的真实水平也是很大的一个问题。

接到雾凝的邮件后，为表慎重，我专门上网查了北京、上海等地条件较好的小学入学面试题（注：由主持过面试的老师或者参加过面试的家长将题目传至网上），发现很多题目值得置疑，很多本科生甚至研究生都喊晕。现选几道点评如下：

1.有两杯果汁，宝宝先喝了半杯，妈妈又倒满了；宝宝又喝了半杯，妈妈又倒满了，最后宝宝都喝完了，请问宝宝共喝了几杯？

质疑：这道题涉及果汁、半杯、倒满等诸多概念，又绕了几个弯。我读懂题意，算出答案都需屏气凝神半天，一个6岁的孩子面对陌生的老师，听他口述题目就立刻作答，不晕才怪！

2.有1到9这9个数将它们分类。例如1，3，5，7，9；2，4，6，8是按照奇数和偶数将它们分成两类的。现在问1，3，7，8；5，9；2，4，6；是按照什么将它们分成3类的呢？

质疑：如果我没记错，孩子一年级是从"1+1"学起的，如果他入学前就知道什么是奇数和偶数，还能用不同标准分类，再读一年级是否太浪费了？这道题我和读高二的儿子琢磨了近一个小时才找到答案，估计拿它去面试求职的大学生，也能放翻一大片。拿来考6岁的孩子，是否太过了？

3.儿歌：老师说一遍，小朋友复述一遍。（老师只念一遍）

质疑：估计用这道题是想考查孩子的记忆力、听力、语言表达能力等，事实上，受前摄抑制和倒摄抑制的干扰，记不全是很自然的。加上有的孩子一紧张，大脑一片空白，得"0"分也毫不奇怪，但谁敢据此就断定孩子记忆力不佳？

4.请在5分钟内记住以下6个车牌号，每个车牌号由6个无规律数字组成：854126，712214，532462，192457，654781，357812。

质疑：如果孩子懂得谐音记忆，还比较容易；死记硬背的话，则很费工夫。关键是为什么要记？记住能说明什么？记不住又代表了什么？有必要把孩子的脑力浪费在对无规律数字的记忆上吗？

5.小鸡和小鸭一起在路上走，小鸭掉到坑里了，小鸡应该怎么把小鸭救上来？

质疑：此题我挖空心思想了半天也想不出答案，也许是想考孩子的想象力。比如说：小鸡提桶水倒进坑里，让小鸭浮出水面就得救，但生活中的小鸡根本不具备使用工具的能力，我很好奇，编这道题的老师能提供的答案究竟是什么？想把孩子引向何处？

此外，有的小学面试要求是孩子识字量不低于1000字，有的考题是成人未必能做出的找规律、填数字的游戏等，看得我瞠目结舌。难怪有网友在孩子面试落马后，会抱怨说："孩子是因为不会才去小学读书的，如果这些题目他都会做，还有必要花钱去上学吗？"

据资料，西方一些发达国家义务教育已经普及至11到12年，印度政府日前也提出将义务教育年限从8年延长到10年的新目标。在实施义务教育的过程中，各国确立的义务教育的一些共同原则是：强制性（义务性）、公共性、免费性、中立性、普遍性、平等性等。其中普遍性、平等性是义务教育的核心和本质。

再放眼我国，重点小学和一般小学教育资源差距甚大，孩子想入好一点的小学不仅要交高昂的择校费，还要通过严苛的面试。对于那些确有原因无法在户口所在地入学的孩子来说，因面试不合格而被小学拒之门外，不仅是对他们受教育权利的公然剥夺，也是对家长和孩子心灵的一种戕害。它将导致家长心态失衡，孩子畏惧学校，家长设法拉关系走后门行贿面试教师，学校明目张胆地收受择校费，学生的课业负担从幼儿园开始等，诸多恶果，是对教育的公平公正的一种践踏，也让义务教育有名无实。

前国务院总理温家宝说："公平正义比太阳还要有光辉。"相信在不久的将来，公平正义如太阳般将光辉洒遍义务教育的各个角落，让家长不再承受择校费之苦，孩子不再有面试之忧，每个孩子都能享受到真正意义上的义务、免费、平等的小学教育，在阳光下舒畅茁壮地成长！

怎样训练孩子良好的写作业习惯

> 老公本来是个性情很好的人，一看到儿子写的作业就忍不住发很大的脾气，每次发过脾气，孩子会按要求做得好一些，但是第二天不盯着又不行了……

车老师：

我儿子从小学五年级开始在全托的私立学校学习，但是成绩越来越不好。初中时，我们只好把他转到离家近的学校，以便能够监督他学习。但孩子的语文作业字迹潦草、错别字多；数学题能少写字少写步骤就少写，能应付了事就应付了事，这种态度让我们很着急。

老公本来是个性情很好的人，一看到儿子写的作业就忍不住发很大的脾气，每次发过脾气，孩子会按要求做得好一些，但是第二天不盯着又不行了，考试成绩也很不稳定。我希望引导孩子一点点地改变，老公却说这孩子不抽着就不走。提醒了老公很多次，他都控制不了。我真不知道该怎么办。

孩子的品质和其他方面的表现还不错，善良、自理能力强，对人热情、健谈、知识面挺广。他最经常说的一句话就是："中国的应试教育太害人了，以后我肯定要到国外读书生活的。"可是您说他在国内的成绩不好，怎么可能考到国外的学校读书呢？

每天晚上，道理讲了不少，老公脾气也发了一大堆，总要把家里搞得乌烟瘴气的，孩子才会好好地写字、读书。我始终觉得这不是解决问题的办法，请广秀老师帮我分析一下，给我一些建议。在此深表感谢！

困惑的小艾

小艾的老公发现，只要发脾气就可以让儿子好好写字、读书，为了让孩子养成好的学习习惯，每天都对着儿子大发脾气。发脾气是他用来约束孩子的主要手段。这个手段短期内貌似有效，但从孩子长远发展的角度来说存在很多隐患。

首先，孩子每天都因为父亲发脾气才勉强学习，在学习中处于被动屈从的地位，长此以往，容易对学习产生厌倦恐惧心理。而且，父亲不发脾气或者无暇管束时，孩子就会逃避学习。其次，孩子模仿性强，在潜移默化中，容易以父亲为榜样，通过乱发脾气达到自己的某些目的，这难免会使他在人际交往中陷入困境。再者，易发脾气的父亲很容易培养出焦躁、易怒、冲动、敏感的孩子。这对孩子的性格形成当然不利。

总之，以牺牲孩子良好的性格为代价逼迫孩子进行学习，实在是得不偿失的行为。建议小艾老公控制自己，立刻终止这种不智之举，如想培养孩子良好的作业习惯，可以尝试如下做法：

1. 了解孩子内心的需求，以满足其需求为条件，鼓励孩子自主学习和做作业。比如：孩子这段时间特别喜欢上网。就跟他相约，如果他晚9点之前，自己独立把作业做完，并且无错误，就奖励他一小时上网时间；如果完不成约定，就罚几天不能上网。如果孩子特想去哪里玩，也可照此类推，最好签一纸合同，白纸黑字，以孩子最迫切的需要为切入点，激励孩子自觉、主动地约束自己。

2. 利用孩子向师性强的心理，跟孩子的语文、数学老师私下约好，当他们发现孩子学习或者作业上有了点滴进步，就及时表扬他，给孩子注入向上的动力。

3. 尊重孩子，和孩子商量着制订一个作业计划表，以一周为期，每天作业的时间是几点到几点，作业中出现的错误不能超过几个。如果孩子保质保量完成计划，期待家长给予什么样的奖励，如果孩子违背计划要求，愿意接受家长什么样的惩罚等都写清楚，由家长监督执行，严格照章办事，逐渐养成孩子好的作业习惯。

4. 也可利用孩子的好胜心理，就近邀请他的同班好友来家里做作业，鼓励两个人比赛，看谁做得又快又好，以此激发孩子做作业的积极性。

5.孩子做作业时，家长最好做自己的事，不要总盯着孩子，切忌"陪读"或者"代劳"，要放手让孩子自己做，多鼓励孩子。只在孩子开口求助时，给予适度指导。逐渐让孩子觉得作业是自己的事情，克服对家长的依赖，家长也可趁机摆脱监督孩子作业的苦差。

当然，要使以上措施有效，家长要学会耐心倾听，民主平等，成为孩子可信赖的朋友，给孩子当好榜样，并且能够持之以恒。

女儿的脾气为何如此暴躁

女儿缺乏感恩之心，天天带一枚鸡蛋去接她放学的我，

如果哪天没有带，她就会勃然大怒，当众对我发脾气。

车老师：

我是一名小学老师，在外人眼里，女儿乖巧可爱，我开朗热情，但我觉得我既是一个失败的母亲又是一个失败的女人。

先说说女儿吧。女儿8岁，读三年级。只要我指出她什么错误或不答应她的某些要求，她就会生气，而且生气的样子就像我是她心中憎恨的人，有几次甚至在纸上写着："妈妈，我恨你！"其实，她平常非常依赖我，不发脾气时对我很亲热。如果我真的生气不理她，她表现得十分紧张。只要我一生气，她马上就表示后悔。此外，女儿缺乏感恩之心，天天带一枚鸡蛋去接她放学的我，如果哪天没有带，她就会勃然大怒，当众对我发脾气。今天我把口袋里剩下的一颗润喉糖放到嘴里，她竟然要我吐出来给她。我没有，她就对着我不依不饶，令我十分伤心。但是，她在外人眼里非常乖巧，尤其是把老师当作绝对权威。

我希望她懂事，听得进长辈的建议，有事好好说而不是乱发脾气，但不知该怎么对她？

再来说说我吧，我35岁，在朋友、同事面前话很多，喜欢通过说笑来活跃气氛，但又极易冲动，不能受半点委屈，有什么不满，不管是不是关我的事，是不是面对领导，我都会直言相告。过后，我都后悔死了！有人笑言我正直，但我自己都讨厌那所谓的正直！

几个知心朋友这样评价我，虽然我这个人很单纯坦率，从没有坏心，但说话非常强势，是一个自以为是的人。我很赞同朋友的评价，也想改变，却一次又一次在后悔自责中过去。

我知道，不是你的一封回信就能改变我或者女儿。可是，我还是希望得到你的帮助，或者给我推荐一些什么书籍，令我能慢慢改变自己。从今晚开始期待……

盈春

"父母是孩子的榜样""孩子是父母的影子"，父母的性格和教养方式对孩子的性格形成产生着至关重要的影响。

盈春热情、开朗、坦率，但从朋友的评价中能看出，她比较自我和强势，在人际交往中属于支配欲较强的人，遇事冲动，缺乏那种设身处地为别人着想的能力。这种性格渗透到对女儿的教育中，她对女儿的教养方式介于溺爱及专断之间。说溺爱是因为居然"天天带一枚鸡蛋去接她放学"；说专断是因为"希望她懂事，听得进长辈的建议"，却没有思考女儿心里到底在想什么，为什么喜欢对母亲乱发脾气等，对女儿的需求缺乏反应性和同情心。这种不恰当的教养方式，使得她在女儿面前缺乏权威，也助长了女儿急躁、任性的性格。

女儿通过乱发脾气对抗母亲的权威，同她像孩子一般和女儿生气，让女儿来迁就的行为如出一辙；而她在社交场合受不得委屈，有话就直说的品行折射到女儿身上，就是女儿在她面前的固执和任性，这些都说明父母的身教重于言教，榜样作用的无可替代性。

盈春首先需要的是调整心态，提高情绪自控力，在社交场合能照顾别人的感受，抑制冲动，适度妥协，努力让自己心态平和。可以在手腕上套个橡皮筋儿，忍不住时，弹一下，让自己感到痛，提醒自己要忍耐；也可以写日记，对自己的情绪进行安抚和调节。只有母亲情绪平和，心态健康，和蔼、睿智地与孩子相处，才能对孩子产生积极的影响。

在跟女儿相处时，能够发自内心地尊重女儿、了解女儿，顾及女儿内心的感受，给女儿选择和诉说的机会，注重耐心地倾听；在此基础上，努力成为一个开明的、让女儿感到信服的母亲，潜移默化、不被察觉地引导女儿的行为，让她安全、自信、有同情心，能设身处地地为他人着想。

当然，我也不相信我的简单答复一下子能够改变她们母女，所以，她可以通过阅读，向有智慧的专家和有经验的父母学习。下面是我比较喜欢的一些教子及心理类书:《宝贝，宝贝》《卡尔·维特的教育》《告诉孩子你真棒》《哈佛女孩刘亦婷》《少有人走的路》等，希望对盈春母女有所帮助。

住院母亲：儿子的冷漠让我心惊

在我住院期间，他先后打了两个电话，不是问候我的身体，而是问电脑怎么打不开了？儿子的冷漠让我不寒而栗，让我对他的未来充满担心。

车老师：

我儿子差两个月就13周岁了，成绩一般。除完成老师规定的作业外一般不碰书本，但酷爱游戏。家里没有电脑时，他一刻也不愿在家待着，我随时都得到各网吧去找他才回家。无奈之下，我买了电脑并给他定下了规矩：周一到周五除非查阅资料不得打开电脑，周末完成作业后方可尽情地玩。

儿子同意了。电脑买回后却完全不按规矩办，因为我们中午在单位不能回家，儿子乘机玩一个小时。这还不算，晚上下晚自习回来总要去开电脑玩会儿。如果我说他不守信用，他会强词夺理。我强行关闭电脑的话，他会大吵大闹。我提醒他如若继续这样，我将把电脑锁起来，却被他抢先设置了开机密码。

前几天，我因生病动手术住进了医院，从我还在手术室，我的姨妈就给儿子打电话让他来看我。儿子答应来医院却一直不曾来过。丈夫及婆婆也说他，儿子说他知道了，可还是没有来。在我住院期间，他先后打了两个电话，不是问候我的身体，而是问电脑怎么打不开了？儿子的冷漠让我不寒而栗，对他的未来充满担心。

儿子还特不讲卫生：一周才不情愿地洗个澡；半月也不愿意洗头；刷牙也好比会要命似的；洗脸只是用湿毛巾擦一下，脖子漆黑一团也不愿意多洗洗。请问我该怎么办？

一个无奈的女人

一、孩子冷漠无情的主要原因

细读这位母亲的邮件，我认为孩子之所以对母亲缺乏热情，生活习惯懒散，与早期教育不良有很大关系。现代教育心理学的研究成果证明：婴幼儿及童年期是人大脑发育、语言习得、智力发展、个性形成和习惯养成的关键期。如果在关键期对孩子施以正确的教育，会收到事半功倍的效果，一旦错过，就需要花费几倍的努力才能弥补或者将永远无法弥补。

中国有句古话："三岁看到大。"看似荒唐，其实是关键期理论的雏形，强调0~3岁期间，父母的教养方式对孩子性格形成的重要影响。而现代教育心理学的研究则进一步证明：1.5~3岁是幼儿开始学习自我控制、学习掌握各种规矩和要求的关键期。

具体来说，1.5~3岁的孩子，正处于人生第一反抗期，性格急剧变化，心理发展出现独立的萌芽，自我意识开始发展，好奇心强，有了自主的愿望，喜欢自己的事情自己做，不希望别人来干涉自己的行动。假如父母对孩子因势利导，讲究方式，鼓励孩子自己的事情自己做，在游戏和娱乐中引导孩子学习自我约束，掌握各种规矩和要求，既能培养孩子良好的生活习惯，又能为其独立能力、自爱与爱人能力的养成奠定基础。

现实却是，很多家长误以为1.5~3岁的孩子什么都不懂不会，无视孩子独立性发展的要求，对孩子千娇百宠、溺爱过度、事事包办代替。比如，生怕孩子自己吃饭乱洒，吃不饱，以致6岁多了还追在孩子屁股后面喂饭，养成孩子挑食和不按时进食的坏习惯；再如，孩子想自己穿衣、洗脸，家长总嫌孩子穿得慢，替他穿，担心他洗不干净，替他洗。久而久之，孩子会觉得自己很无能，不可能做好这些事情，到小学了，依然由父母帮着穿衣洗脸，觉得天经地义，一旦父母要求他自己做，他会抗拒或者应付了事；还有，家里有了好吃的，总是由着孩子吃，很少提醒孩子和家人共享，由此孩子变得自私自利，等等。

法国教育家卢梭曾经说过："你知道用什么办法能使你的孩子得到痛苦吗？这个办法就是：百依百顺。"家长的百依百顺会助长孩子的欲望，逐渐形成孩子自卑、懦弱、无能、事事依赖家长的性格，而且习惯于接受，无法付出并以个人需要的满足与否作为快乐的标准。

因为不了解这位女子早期是如何教育儿子的，我不敢妄下结论，但从她的描述中，她的儿子确实比较自私冷漠，缺乏关爱父母及约束自己的能力，这应该与家庭早期教育失当有关。

二、如何培养孩子的关爱及自我控制能力

现在她儿子已经 13 岁，恰好处于人生的第二个反抗期，是被心理学家称之为"为从父母的束缚中解放出来而战斗"的时期。这个时期的孩子原本就喜欢对抗父母权威，冲动、任性，不服从父母的管教。再加上之前的教育缺失，尤其需要父母慎重对待，妥善加以引导。既要设法陪伴孩子平稳度过反抗期，还要多花时间培养孩子的关爱及自我控制能力。下面是一些简单建议：

(一) 善于向孩子索取爱

爱是双向的互动的。很多家长对孩子一味付出，很少向孩子索取回报，让孩子误以为家长无所不能，根本不需要孩子的爱，无形中剥夺了孩子爱别人的机会和能力。上文中的这位孩子，之所以在母亲住院后都懒于探望，可能就是在其成长过程中，得到的爱太多，付出爱的机会太少所致。因此，家长在向孩子付出爱的同时，要善于向孩子索取爱，培养孩子关爱父母的能力。

比如，孩子过生日期待父母的礼物，父母给孩子送上礼物之前，乘机问孩子：父母的生日是几号，孩子打算送什么礼物给父母；当孩子以自己没钱或者年龄小拒绝给父母送礼物时，父母可以启发孩子：礼物不一定非得用钱买，关键是心意，所以画张画，制作一张卡片，把自己喜欢的玩具送给父母，父母都是非常喜欢的；孩子送礼物给父母之后，父母要及时向孩子表示感谢，并表现出非常珍惜的样子，让孩子享受到关爱父母的乐趣。再比如，让孩子给劳累了一天的父母端杯水;生病时，向孩子讲述病痛的难受，要求孩子温言细语地安慰，等等，在日常小事中坚持向孩子索爱，时间久了孩子就会形成习惯。懂得爱父母的孩子，长大会更容易关爱他人。

具体到这位母亲，可以在孩子打电话追问电脑而漠视母亲健康的情况下，提醒他应该先问候母亲，再谈及其他要求。也可以直接把因为看不到孩子探望自己而伤心难受的感觉告诉他，让他将心比心地想想，他生病时，母亲是怎么做的，他这样做对不对，提醒他正确的做法。以后在生活中，加强这方面的引导。

（二）提高孩子的自我控制能力

自我控制是"个体对自己的生理和心理活动、思想观念和行为的调节和控制，在行为意义上表现为个体为达成未来的目标而延迟即时的快乐与满足"。自控能力强的孩子，能够自觉地压抑冲动，抵制诱惑，瞄准目标，维持毅力以达到成功。

一般来说，孩子的自我控制能力主要是在 1.5~3 岁阶段初步形成，在 5~7 岁迅速发展。因此，父母在这一阶段的家庭教育中要特别关注儿童自我控制能力的培养。这位母亲要提高 13 岁儿子的自控能力，可以尝试以下几点做法：

1. 制订家规，为孩子的行为限定界限

没有规矩不成方圆。家长要想对孩子的不良行为（过度上网、不讲卫生、自私自利等）进行有效约束，比较好的办法是制订家规，限定孩子的行为界限。

家规内容可包括：遵守日常作息时间、自主学习、做好个人清洁卫生、礼貌待人、诚实、守信等，对孩子遵守或违背家规的行为有适度的奖惩条例。无论是家规内容的制订还是奖惩措施，都要和孩子商量，家规是孩子通过努力能够做到的；奖惩是孩子愿意接受的。要设法让孩子清楚遵守家规的重要性，监督孩子逐步执行，并且按照家规条款，奖罚分明。

2. 以身示范，因势利导

父母是孩子最好的榜样，家庭教育中身教重于言教，父母要注重小节，善于自律，过充实而有节制的生活，给孩子树立有自制力的榜样，让孩子知道自制力对人生幸福的重要性，自觉自愿地模仿父母的自制行为。

还有，发现孩子一些事情做不好，不停留于表面的指责，而是与孩子一起讨论：为什么做不好？问题出在哪儿？给孩子出谋划策，帮孩子切实提高。

3. 善用奖惩，持之以恒

每个孩子都需要父母的表扬和鼓励，当孩子表现好，哪怕进步只是一点点，都要及时肯定，并按照家规条款，予以奖励，以此强化孩子好的习惯和行为；如果孩子确实无故违规，违规的理由是管不住自己，家长也要毫不手软地按章惩罚，提醒孩子信守家规的重要性。

奖惩的目的都是为了孩子快乐成长，内容和分寸的把握很重要，以让孩子信服和乐于接受为前提。贵在持之以恒，切忌三天打鱼，两天晒网，随心所欲。还有，家长要先赢得孩子的信赖，上述措施才能行之有效。

第三篇　好父母和孩子一道成长

好妈妈和孩子一起成长

> 妈妈在担当母亲这个角色之前没有经过专业培训，也没有技术指导。因此，在你童年时代陪着你的是一个不称职的妈妈……

下面是博友 helengaobj 应儿子班主任之邀，写给她正读初三的儿子的一封信，情真意切，字里行间闪烁出的教子智慧值得很多家长借鉴。征得 helengaobj 同意后，我对原信内容进行润饰加工并摘录如下：

亲爱的儿子：

从小到大，妈妈没少给你写信。每次都是自觉自愿、有感而发。这次却是应班主任的要求而写，说是赶在中考之前让你们看，这可是头一遭儿，妈妈反倒不知从何写起了……

思来想去，首先，还是很郑重地先向儿子道个歉吧。妈妈在担当母亲这个角色之前没有经过专业培训，也没有技术指导。因此，在你童年时代陪着你的是一个不称职的妈妈。那时，"工作"是不陪伴你的冠冕堂皇的借口，加上无知，对你没有精心陪伴、缺少长远的规划、不愿无私付出，和你爸爸的关系"水深火热"，对你的伤害行为可谓不胜枚举。在痛悔的同时，也暗自庆幸：幸亏妈妈在你成年之前及时悔悟，可以稍稍弥补以前的过失。

尤其难得的是：尽管妈妈以前做得不够好，儿子你依然健康地成长为一个能够独立思考、自我管理的大男孩儿。而且，从你身上，妈妈学到了很多珍贵的东西。你给我提供的关于职业发展的建议让我豁然开朗；你提醒我以体谅友好的方式对待姥姥、姥爷让我享受到亲情的温馨；你在我和爸爸发生争执时，公平又耐心地劝服我们，使我们暗叫惭愧；周末三口人海阔天空地聊天时，你的观点和想法总是让我和爸爸心悦诚服。

此外，你还是家里的修理师，电器、钟表出了故障，到你手里总能恢复正常；你有空时能把自己的书桌收拾得干干净净（要是将频率从 sometimes 变为 often 就更好了），大人委派给你的家务活，你从不推诿。这些年来，你的很多好品质让妈妈特别感动，谢谢你，儿子！

好孩子能督促妈妈快速成长，好妈妈也应该和孩子一起成长，这两年，为了成为称职的妻子和母亲，我读了很多关于家庭教育、个人成长方面的书籍，还定期上生活教育课程和参加婚姻小组的活动。现在，妈妈和爸爸的关系日趋和谐，你也正在茁壮成长着。看着现在身体健康、开朗健谈、善于思考、孝敬长辈、心地善良、待人真诚的你，妈妈觉得特别欣慰！

但是，妈妈依然为"在你童年时未能够尽到母亲的责任"感到抱歉和惭愧。很多时候，我们做错了事，需要当时就承担后果。比如说跑步前没有热身，造成软组织损伤，要立刻到医院治疗并支付医疗费。这种承担尽管痛苦，但没有什么后遗症。最可怕的是，有些事情我们做错了，要等很久之后才知道后果的严重性。比如说长时间不吃早餐，会在若干年后患胃病；少年时经常撒谎，成年后犯罪，银铛入狱。

儿子，妈妈在为你身上的一些优秀品质感到欣慰的同时，也正在为着自己当年的失职而造成的后果担忧。还有短短几个月，你就要面临你人生中比较重要的时刻——中考了。妈妈希望你通过中考进入向往已久的名校，那里才是你成长的最佳土壤。但妈妈必须承担的后果就是你目前有些科目成绩不太理想，还缺乏冲刺中考必须的意志力、勤奋和进取心。妈妈真怕你会因此被阻隔在你喜欢的学校之外，让你的求学生涯变得更为艰辛。

儿子，能否为自己做一个复习计划，保证在中考之前全面复习各科至少两个来回，并且将所有错题做一个总结和梳理？这两项工作是你迟迟没有开始的，我想你一定比妈妈更明白系统复习的重要性。

妈妈知道你大了，不希望家长过多干涉你的学习，不过请你想一想，在中考前，你就剩下几个月的时间了，如果妈妈能够在这个关键时候帮帮忙，比如说帮助你默写、背诵，咱们每天做一点儿，这样坚持下来，是不是会很有成效呢？所以，妈妈不希望你总是拒绝家长的帮助。妈妈非常珍惜这短暂的和你一起学习的机会，保证不会不耐烦、发脾气！等你考上高中之后，妈妈想帮恐怕也没能力了。

儿子，请你记住，妈妈愿意和你成为无话不谈、分享快乐与忧愁的好朋友，与你一同成长！爸爸、姥姥和姥爷都衷心地祝愿你努力学习，用自己的辛勤汗水换来丰硕的成果。

> 永远爱你的妈妈

读 helengaobj 的信，特别佩服她的敢于反省、勇于担当的精神以及通过学习不断提升自己，从而改善婚姻关系、推进儿子成长的能力。尤其是她从自身的经历中获得的关于"有些事情我们做错了，要等很久之后才知道后果的严重性"的感悟，实在值得家长深思和借鉴。

现代社会充满火药味的夫妻关系，因为忙于工作而对孩子情感需求的疏忽，对分数的变态追求，棍棒式和溺爱、专制型的教养方式等，都是孩子健康人格的杀手。对孩子的隐性伤害也许暂时还看不到，等到孩子成年后，面对学业和事业的退缩，婚姻中的爱无能，对父母的冷漠与粗暴，甚至因小事引发的灭门及报复社会的各种惨案等，都是早教缺失及不良的教养方式埋下的隐患，也是父母和孩子甚至是全社会必须承担的痛苦后果。尤其是知道错也无法挽回的那种痛悔与彻骨的遗憾！

希望有更多的父母能够像 helengaobj 那样，通过学习获得理性而平等的教子观念，像朋友一样陪伴着孩子快乐成长。

崩溃：女儿居然喊小三 "妈妈"

尤其让我伤心的是，和我视频的间隙，女儿两次哭着喊妈妈，但她不是对着我喊，而是对着那个女人，那个还未结婚就和我前夫同居的女人，那个暗中破坏过我们婚姻的小三。

车老师：

我和前夫相恋 4 年，2009 年在亲友的祝福声中结婚，在怀孕待产的关键时刻，因为沟通不良引发矛盾冲突，女儿刚一满月就闹离婚。她 8 个月大时，我们就在气头上办理了离婚手续。

之后，我回娘家所在地工作，前夫带着幼小的女儿生活。回娘家后，我慢慢冷静下来，也思考我们走到离婚这一步的原因：他恰逢要准备资格考试，我面临着生产，两人都处于敏感期，不能心平气和地沟通，才造成这样的结局。

经过慎重思考之后，我想和他复婚：一是为女儿，二是我心里一直放不下他。谁知，经过长途奔波，我抵达他那里之后，他坚决地将我拒之门外，拒绝我复婚的要求，并且已经和一个女人同居了。后来我才得知，女儿未出生时，那个女人就勾引我老公，现在还没结婚，就和我前夫住在一起。

因为经受不住对女儿的思念，今年 2 月我向法院递交了变更女儿抚养权的申请，昨天收到了判决书，我输了，女儿仍由他抚养。

自复婚被拒绝后，我已经整整 4 个多月没见孩子了。昨晚，通过视频，我终于见到了日思夜想的女儿。她比以前大多了，很可爱很乖，爸爸叫她做什么就做什么，我和她说话，她却听不懂，因为我讲的是普通话，她却满口当地方言。我曾和前夫交涉多次，教女儿说普通话，结果却……尤其让我伤心的是，和我视频的间隙，女儿两次哭着喊妈妈，但她不是对着我喊，而是对着那个女人，那个还未结婚就和我前夫同居的女人，那个暗中破坏过我们婚姻的小三。

女儿喊她"妈妈"真让我心如刀绞。我努力抑制内心的酸楚和愤怒，质问前夫："你和那个女人没有结婚，是不应该教女儿如此叫她的，这样一来，我算什么啊？"

他说那是他的事情，叫我不要管。还说当初离婚时，我不要女儿，现在说这些有什么用？我和他协商把孩子接到我身边来，他坚决不肯，说我随时可以过去探视，接过来想都别想，还怪我自私。

我真是想不明白，人人都说那个女人没安好心，为什么他却要和她在一起？他们没有结婚，却让女儿称呼她"妈妈"。我还没有死啊！那个女人还有没有廉耻？我女儿叫她妈妈，她不觉得内疚吗？

车老师，我没有办法接受女儿叫她"妈妈"的事实，可能是因为我自私、小气吧。总之，我不会善罢甘休的。我准备继续上诉，争取女儿的抚养权。否则，女儿的事情，我没办法做主，连听她叫一声"妈妈"都是奢望。

如果上诉不成，我想通过媒体帮我讨个公道，到底是我错还是他们的错？他们在我女儿那么小就这么做，不就是想在女儿什么都不懂的情况下，她好插进来代替我的位置吗？她的阴谋得逞了，我的老公已经让给她了，连我怀胎十月刚断完奶的女儿也要占据？不可以，我不会接受的。

车老师，我这是一种病吗？该以怎样的心态调整自己？我很怕我会做出什么酿成悲剧的事情来，请帮帮我！

冬冬

自己怀胎十月生下的女儿，却喊别的女人为妈，这对任何女人来说，都是撕心裂肺的痛。但痛定思痛，如果离婚已成定局，前夫又结新欢，不管心头再恨再怨，一定要考虑孩子的现实处境，从真正为孩子好的角度做出选择。哪怕这种选择会让自己心头滴血，但为了孩子好，也只能认。

就我知道的情况，冬冬的女儿刚一满月，夫妻就闹离婚，加上夫家与娘家跨省，相距甚远，照料女儿的责任几乎是夫家一手承担。尤其是离婚时，女儿的抚养权归老公，冬冬跟年幼女儿相处的时日更少，感情非常生疏。冷酷一点来说，冬冬对女儿只是一个陌生的存在。她对女儿有生育之功，却无养育之劳。而年仅一岁多的女儿正处于"有奶便是娘"的阶段，她没有办法评判成人之间的恩怨情仇，却本能地渴望母亲温暖的怀抱。

不管那个女人是小三也好，还是未婚跟冬冬前夫同居也好，女儿肯依恋地叫她"妈妈"，昭示着她在情感上对孩子的真情付出。不是所有的女人都愿意给别人的孩子当妈妈的，因为这个称呼背后，意味着沉甸甸的责任、精神及经济上的长久付出。

在女儿已经熟悉了跟父亲和那个女人相处后，冬冬想再上诉，甚至通过媒体争取孩子的抚养权，这种想法是狂乱而不负责任的。争取不成功的话，会加大与前夫的隔阂，加重自己内心的挫败感；争取成功的话，冷却了前夫和那个女人对孩子的一片苦心，他们放弃抚养权，生出自己的孩子，照样可以幸福生活，那个女人甚至因此还摆脱了当后妈的命运。

而冬冬那年仅一岁多的女儿却只能在单亲家庭中生活，面临着与父亲分离的焦虑，适应陌生环境的艰难，自己依恋的女人却不能喊她为妈妈的痛，自己不熟悉的女人却是自己妈妈的苦。这对一个年幼的孩子来说，实在是无法承受，无法理解的残忍，很容易陷孩子于混乱、痛苦、无所适从的境地中。

孩子需要的是理智、平和、充满温情的母亲和稳定的家庭环境。从冬冬的诉说看，她目前还没有走出离婚的阴影，内心焦躁失衡，充满怨怒，这种情绪状态也不适合照顾孩子。所以，我想对冬冬说，请为孩子冷静，请为孩子镇静，千万别把孩子当作筹码，当作报复对方的武器，挑拨孩子和对方新欢的关系，将仇恨和混乱的种子根植于孩子心中。

可以的话，谢谢前夫肯承担照顾女儿的责任；谢谢那个女人肯替你代行母职，主动表达出对他们牵手婚姻的期望与祝福，让你女儿因此而拥有一个健康正常的家庭，拥有一个快乐无忧的童年。

你想尽母亲的责任，将来更有能力保护女儿，那就赶快振作，赶快重建事业和人生，将自己的生命之帆驶向坦途。让自己变得精彩、独立、有担当，能够按期支付女儿的抚养费，定期探视女儿。在与女儿相处时，告诉她生母和养母都是妈，都一样爱她，都希望她快乐健康，将母爱的光辉与感恩的种子播种在她幼小的心灵中，滋养着她好好长大。

老公和孩子，该爱谁多一点儿

> 我和老公结婚 10 年，前 6 年的二人世界非常幸福。自从
> 有了孩子，感觉我们之间越来越疏远，连话都少了。

车老师：

我今年 36 岁，工作忙，收入较高。老公更忙，压力大，收入比我还要高。孩子 4 岁，聪明可爱；公公婆婆健康、能干，肯帮我们做任何事。我知道我很幸福，可还是有一些烦恼和困惑，想请您帮忙指点迷津。

我因为忙于工作，对儿子的照顾相对较少，平时都是公公、婆婆帮忙照顾。他们对孩子很用心，但毕竟年岁大，文化水平不高，不能陪孩子玩得太尽兴，对孩子的心理和文化教育也有限。

我就尽量多挤时间陪儿子，儿子对我也十分依恋。但也因此造成了这样一种情形：我上班时间玩命工作，争取不加班；不工作的时候，就把自己完全交给孩子。为此，我多次放弃出国机会，不单独参加娱乐活动，甚至没有时间买衣服修饰自己。

我没有因此而抱怨过，也没有因此拖老公的后腿，只希望老公能认同我、心疼我就好了。可老公一点也不买账，认为孩子有爷爷、奶奶照顾，该玩玩、该工作就工作，还说我这样纯粹是自找。

我和老公结婚 10 年，前 6 年的二人世界非常幸福。自从有了孩子，感觉我们之间越来越疏远，连话都少了。这可能和我们的事业都进入了瓶颈期有关吧。老公是个领导，看问题透彻，解决问题有办法，待人接物有水平，如果他想改变现状很容易。我曾就我们的

关系和他谈了几次，均未果。可见，老公并不想改变现状。他怎么了？我有时甚至会猜测，他会不会有外遇？我很苦恼，请帮忙分析分析。谢谢了！

雨田

亦舒说："一个人时间用在什么地方是看得出来的。"

有了孩子后，雨田把时间分割成两大块，一块用于工作，一块用于孩子，她因此而收获了事业的稳定和孩子的依恋，但和老公日渐疏远。其实，爱孩子未必要以牺牲夫妻感情为代价，稍微花点心思，二者是可以兼顾的。

首先，不能不把孩子当一回事儿，也不能太把孩子当一回事儿。如果爷爷、奶奶和妈妈都围着孩子转，把孩子视为中心，容易让孩子自我膨胀并且助长他对成人的依赖心理。其次，老公尽管是成年人，也渴望妻子的温存和关爱，如果妻子为了孩子忙得无暇顾及老公，很容易让他失落不平。但作为一个理性而自尊的男人，他又无法直言说吃儿子的醋了，理直气壮地跟儿子争宠，只能委婉提醒或用情感上的疏远来宣泄对妻子的不满。

雨田对此应该有所警觉，千万别将感情全压在孩子身上，让孩子负荷太重，将老公架空。夫妻关系是最重要最亲密的人际关系。可以的话，分出些精力爱老公，说服他参与一些全家人都参与的户外活动，就孩子成长中的一些问题征询他的意见，让他感到被重视，愿意和妻子一起关注孩子的成长，也了解妻子的苦心，增进夫妻感情。

还有，孩子4岁了，他需要自己的空间和同龄玩伴。尊重他，给他一个温馨的家庭，让他觉得爷爷、奶奶和爸爸、妈妈都爱他就够了，没必要为孩子牺牲掉修饰自己和娱乐、出国的机会。如果出现在孩子面前的你是漂亮得体的，孩子会以你为荣；如果该出国就出国，归国后给儿子带一些国外购买的礼物，讲讲在国外的见闻，孩子可能会更佩服爱戴你；如果你和老公夫妻情深，孩子的情感满足度会更高。

不单是雨田，很多女人都会纠结这样一个问题："老公和孩子，该爱谁多一点儿？"

　　这个问题没有固定答案，因人而异。但我认为，孩子和老公都是女人生命中最重要的人，为了孩子而牺牲夫妻情分或者为了老公而置孩子于不顾的做法都是得不偿失的短视行为。可以的话，夫妻间积极沟通，共同承担照管孩子的责任，三口人好好相爱、温暖相依才是完整的幸福。

女儿一句话，深深刺痛我的心

为了减少离异带给女儿的伤害，我一直用心照顾她，对她付出了全部的爱。事到如今，女儿却说讨厌我，一点都不讨厌爸爸，叫我如何不伤心？

车老师：

昨晚，我和 7 岁的女儿闹着玩，她说妈妈讨厌。我说是吗？那谁是你一点都不讨厌的人？她眼珠转了转说是爸爸。这个答案深深刺痛了我的心，让我瞬间泪流满面……

女儿口中的爸爸是指我前夫，我们结婚十几年，再苦再累我都不怕，一直默默支持他，用心操持这个家，却还是在去年 8 月份被迫办理了离婚手续。

因为他在外面有了女人却瞒着我。有 8 个多月的时间，一直骗我说公司派他到外地进行封闭式的学习，其间从未打过一次电话，仅每隔两个星期用 Skype 和我保持联系。那些日子我备受煎熬，因为对他的爱和信任，我苦苦地撑着，憧憬着过了这个特殊阶段，我们的生活会更美好。

在苦等 8 个多月之后，他回来后的第三天，我就接到一个陌生女人的电话，说要找他。他拿过电话躲在一边讲。我抢过电话按了免提，一个女人哭着问他"你为什么骗我"之类的。从未想过他会做出对不起我的事，这个电话让我的大脑一片空白，心如针刺般痛。尽管我痛不欲生，混乱中还是表示，只要他能回心转意，好好对我和女儿，我会原谅他。

我想保全这个我辛苦维系多年的家。他竟然对我说那个女人为他打了几次胎，他要对她负责。不管我怎样哀求他，他都坚决要求离婚。还骗我说只是假离婚，离婚后把房子留给我，他净身出户，让那个女人知道他什么也没有了，就会放弃他；否则，她以死相逼，他根本甩不掉她。

　　我不同意，他急了，恶狠狠地说如果我不同意，他就把我和女儿全都杀了，大家都别过！伤心啊！居然碰到这般狠毒的畜生！我被逼无奈，只好含悲忍痛跟他离了婚。

　　刚离婚的那段日子，我真是万念俱灰，生不如死，常常在半夜哭醒后，盘算着将女儿托付给我的父母，就这样结束自己的生命算了……几番挣扎与煎熬，最终，我还是努力振作起来，发誓要为了女儿好好地活，要把她养大成人，活出我后半生的精彩。

　　未离婚时，老公就很少带女儿，因为他总是忙于工作。离婚后仅探视过女儿一两次。为了减少离异带给女儿的伤害，我一直用心照顾她，对她付出了全部的爱。事到如今，女儿却说讨厌我，一点都不讨厌爸爸，叫我如何不伤心？

　　我当时就失去了平衡，气恼地说："你若真这样想，妈妈也向他学习，一年才看你一两次，平常对你不管不问。"女儿伤心地哭着说不要，要我永远陪在她身边。

　　我知道我那样说不对，爱她就不该那样去伤她，我努力让自己冷静下来，耐心问女儿，妈妈哪些地方是你不喜欢的，怎样变成好妈妈等。尽管暂时安抚了女儿的情绪，但我的心真的好痛好痛。希望您能帮我分析一下，我该如何看待女儿的这种想法，让我的内心恢复平静？

飘零

　　我理解飘零内心的伤痛和女儿的话带给她的挫败感，但还是希望她从以下角度理解女儿，平复自己的情绪。

　　首先，女孩在成长过程中，大都对父亲有种特别的感情，在对父亲的崇拜与依恋中汲取力量，获得安全感和自信。尤其是，孩子太小，她理解不了父母为什么会离婚，爸爸为什么不像以前那样常回家，但她渴望父爱。所以，她说不讨厌爸爸，表达出来的深层意思是希望爸爸回家，克服那种失去爸爸的恐惧感，而不是真的觉得妈妈讨厌。

其次，亲人之间往往"远香近臭"，即离得太近，接触太多，看到的都是对方的不是，易滋生不满情绪；而隔着距离，接触少了，想到的反而都是对方的好。女儿正是因为太缺少父爱，太少跟父亲亲近，才将父亲想象得特别完美。

再者，不管前夫再卑劣，他和女儿的血缘关系都是无法割断的；女儿心中装着父亲的好，保留着对父亲的爱，在某种程度上可以保全内心的纯净和对爱的向往，缓解父爱缺失的恐惧感。所以，千万别对年幼的孩子口出恶言，诉说她的父亲有多么恐怖不堪，否则让那么小的孩子背负父母之间的恩怨，会将孩子推入混乱无助的深渊，甚至会影响到她以后的婚恋择偶。

飘零，既然你给不了女儿完满的家庭，就尊重女儿并且设法让她明白父母都爱她，只是不合适在一起生活。在女儿面前多讲前夫的好，为她保留一个完美的父亲形象，积极促成女儿跟父亲之间的亲密交流。女儿心中装满爱，才会懂得母亲的苦心并且发自内心地爱母亲。

幼师心声：孩子的无能让我震惊

> 感觉现在的孩子真是一批不如一批，两只手还不如残疾
> 人灵巧，遇到困难只会哭着叫妈妈，身子骨又娇弱，特爱生病。

车老师：

我是一名幼儿园老师，接的是小班，小班里是 3 到 4 岁的幼儿。感觉现在的孩子真是一批不如一批，两只手还不如残疾人灵巧，遇到困难只会哭着叫妈妈，身子骨又娇弱，特爱生病。甚至有的孩子 5 岁了，还只会喝奶。如果犯了错，家长竟然说："您批评我，别说孩子。"

看着这样一些孩子和家长，我真是极度震惊加无语，还特别地担心和恐惧，真不知道这些孩子长大后会变成什么样？

看到这个帖子，我眼前浮现出很多孩子骄纵又无能的场景：比如 3 岁多的孩子，还被父母追着喂饭；4 岁多的孩子，一群朋友聚餐时，他腻在妈妈怀里，要妈妈喂吃喂喝，稍不如意就哭闹不止，完全不顾及其他人的感受；5 岁多的孩子，在公交车上心安理得地坐着，旁边站着年迈却小心翼翼地护卫着他的奶奶……

这样的情景常常让我感到难过，也为很多孩子的未来担忧。

18 世纪法国博物学家拉马克（1744—1829)曾提出"用进废退学说"，中心论点是："环境变化是物种变化的原因。环境变化了使得生活在这个环境的生物，有的器官由于经常使用而发达，有的器官则由于不用而退化。"这个学说虽然不能准确地解释人类进化原理，却能解释我们很多孩子"两只手还不如残疾人灵巧，遇到困难只会哭着叫妈妈"的

原因。孩子是无辜的，他们的无能和任性，完全是家长溺爱纵容的结果。因为家长无视他们的独立性，舍不得他们吃苦，事无巨细都要包办代替，剥夺了他们独立发展的机会，才使得他们心智迟钝，手脚笨拙，离开父母寸步难行。

下面是美国教科书上罗列出来的，在培养孩子的独立性时，在各个年龄阶段要求做到的事情：

用杯子喝东西：8~12 个月

自己吃东西：8~14 个月

穿夹克或毛衣：2~3 岁

穿鞋袜：2~3 岁

系鞋带：4~6 岁

刷牙：2~3 岁

洗手：2~3 岁

梳头：4~6 岁

整理衣柜的衣物：5~7 岁

选择次日的衣物：6~8 岁

从头到脚自己穿着：5~6 岁

洗澡：6~7 岁

洗头：7~8 岁

吹干头发：12~14 岁

到商店买衣服：10~14 岁

家长们不妨仔细看看，再扪心自问，您的孩子是否具备与其年龄相应的生活自理能力，靠自己的力量打理好生活上的这些琐事。如果不能，是孩子太笨，根本就学不会，还是家长凭着一厢情愿的溺爱剥夺了他们学习的机会和发展的可能？

我想提醒父母，孩子的成长必须靠自身的力量。你不能代替孩子生活一辈子，真爱孩子的话，一定要注重对孩子独立性的培养。在尊重信任的基础上，该放手时就放手，鼓励孩子自己的事情自己做，引导孩子形成自立的意识和独立生活的能力。从小就独立的孩子才自信，自信而独立的孩子更懂得自爱与爱人，走入社会后更从容不迫、应对自如。

最后，我摘录一个被网友记录的发生在国际航班上的故事：

一位美国妇女带着一个六七岁的女儿。十多个小时的航程中，不见她有搂抱女儿的动作，也未听"乖乖""宝贝"地不停叫唤。一切都让孩子"自力更生"，比如上厕所，比如向空中小姐要水喝。只是有时提醒指点一下。最让人难忘的是用餐时孩子的节俭精神、卫生习惯和环保观念。撒在活动板上的面包屑、黄瓜皮捡起来吃。吃完后，自己用纸巾抹嘴、擦手，把塑料饭盒等放进垃圾袋。一切都井井有条。

而邻座一位中国妇女，也带一个同龄男孩，管教方法却截然相反，对孩子亲热得不得了，撒尿陪着，吃饭抱着，又哄又喂，小孩无礼、任性、讨厌。

我想说：别用泛滥的爱溺毙孩子的独立性和自信心，让孩子无理、任性又无能！

前夫让我把"废材"女儿领回家

前夫口中的"废材"是指我的女儿，她今年才 11 岁。在她 7 岁时，她爸爸带她到香港定居了。

车老师：

我和我前夫是 10 年前离婚的，今天我接到前夫的电话，他说："你什么时候来接你生的'废材'回去？"

前夫口中的"废材"是指我的女儿，她今年才 11 岁。在她 7 岁时，她爸爸带她到香港定居了。我现在在广西生活，请你告诉我，我能把孩子接回来吗？接回来后会对孩子有什么影响？不接的话又会有什么影响？谢谢！

芸旭

看到这段帖子，我的心一下子揪成了一团，是因为那个 11 岁的小女孩。

她从小就生活在父母离异的家庭中，在最需要母爱滋养的时刻，她跟父亲生活在一起。父亲如何待她不甚明了，但一句"废材"（即无用之人或者是废物）却将厌恶与嫌弃淋漓尽致地表现出来。

芸旭在接到前夫的电话后，占据心房第一位的不是喷薄的母爱，亦不是对女儿处境的心忧如焚，而是瞻前顾后、患得患失。这里，我能看出她理性而现实的一面，也隐隐约约感觉到她对女儿情感上的隔膜与疏离。

古人云："穷养男，富养女。"女孩子娇嫩敏感，在其成长过程中，尤其需要父母的"富养"，这里的"富养"主要是指精神方面的富足。只有生活在父慈母爱、温馨和睦的家庭中，得到健康而充沛的父母之爱，女孩才能由衷地感到安全和自信，变得高贵而优雅，聪慧而明智。有太多的例子和研究证明："父教缺失""母育缺失"的女孩容易自卑、焦虑、缺乏安全感，缺乏经营婚姻和事业的能力。她们阴郁、自卑、敏感、愤世嫉俗，既无法自爱，也不懂得如何爱别人。对待异性不是过于热衷和随便，就是冷淡和疏离；对待事业及现实的人际关系，也常常显得无助无能。

芸旭的女儿从小就被迫生活在亲生父亲或者母亲长期缺席的环境中，这样的成长已经十分辛苦。如果她从父亲那里得到的是轻慢和伤害，又被母亲视作累赘，小小的她要怎样努力才能克服不被父母接纳的阴影，茁壮而明朗地成长？尤其是，她已经 11 岁，即将进入青春叛逆期（12~15 岁）。如果父母不能敞开心扉接纳她，用爱用心滋养她，她如何安然度过这个被心理学家称作"疾风骤雨"的时期，化解心灵风暴，保护自己不变成问题少女？

我忍不住提醒芸旭，赶快给女儿打电话或者写信交流，了解父亲长期以来对她的态度，看看在她心目中，父亲是否具备"人父"资格，征询她是否愿意回到母亲的身边。如果她惶恐无助，痛苦而压抑，有回到母亲身边的渴望，作为母亲的芸旭，一定要敞开怀抱，热忱地欢迎女儿，在以后的日子里，尽量给她提供优质的教育，暖暖的母爱和细密的呵护。让她知道，无论她曾经经历过什么，她身边都站着一个爱她至深的妈妈。

当然，接回女儿之前，尽量跟前夫达成抚养费、监护权方面的协议，说服前夫能通过电话、邮件、送礼物等方式向青春期的女儿传递关爱之情，履行父亲的职责。

如果女儿对跟父亲生活很满意，而所谓的"废材"只是他一时气愤下的口误，女儿自己并不愿意跟母亲同住，就要以女儿的意愿为准，跟前夫心平气和地协商，不要擅自替女儿决定，也不能因为怕麻烦，畏惧负担而回避母亲的责任。更不要陷柔弱的女儿于"父亲不疼，母亲亦不爱"的凄苦境地。

芸旭，"母亲"两个字很神圣，以敬畏之心做母亲吧，无论是否接回女儿，你和她的血缘亲情无法割断，你对她的责任亦不容放弃，用女儿能感觉到的方式好好滋养她、润泽她，用爱抚平她内心的痛楚。用情塑造女儿强大而丰富的心灵，让"母亲"两个字定格为俗世红尘中女儿内心最温暖而明亮的支撑。

为了儿子，我是否该放弃工作

为了多照顾孩子以及关注他各方面的成长，今年4月份我已向公司提出了转岗要求，由于今年的经济形势比较严峻，公司没有同意。

车老师：

我目前陷入很深的困惑中，是关于孩子和工作的，即面对二者之间的矛盾，不知该如何抉择？

我儿子今年4岁，正上幼儿园。我知道良好的家庭教育对于孩子成长的重要性，也很想当一个好母亲，业余曾读过很多育儿书籍，对各种现代教育理念也赞赏有加。最近一直在看杨文写的《和儿子一起成长》这本书，非常佩服她的所作所为。

我也十分热爱我的工作，但工作的性质要时不时地出差，一般是一个月出差15天左右。不出差时，我尽量抽空回家陪孩子。出差时，孩子只能放在他奶奶家，从幼儿园回来到晚上睡觉这段时间由他奶奶照顾。我婆婆是个满嘴脏话的人，不能说她有多坏，但她的许多口头禅确实很粗俗，儿子已经跟她学了很多。虽然婆婆意识到这样不好，但很难改变。我曾试图让她多看点书，老公却说人老了，眼睛看书受不了，我只好放弃这个想法。

我也想像杨文博士那样，事业家庭两不误，告诉孩子支持妈妈的事业，共同面对问题和困难。孩子虽然在我讲的时候答应得很好，但每次当我提着箱子要出门时，他的伤心哭泣令我内心充满愧疚。我希望我的积极、向上、热情能感染孩子。事实上，我不断地出差还是伤害到他了，尽管还不能断定这种伤害有多大。

为了多照顾孩子以及关注他各方面的成长，今年4月份我已向公司提出了转岗要求，由于今年的经济形势比较严峻，公司没有同意。我向公司表明只能干到年底，无论如何都不能再延期了。因为，在孩子和工作之间，我认为孩子的成长更重要。

　　尽管如此，但一想到要放弃工作，我的心里就很难受，因为这个部门这个地区的所有业务都是由我一手创建的，而且干得十分得心应手。在我看来，工作跟孩子出生成长没有什么区别。只不过一个是有生命的，一个是没有生命的。

　　还有一种可能就是给孩子找一个好的保姆，我把一个月出差的时间缩短为10天，我可以继续工作，但是老公不同意，他认为没必要找保姆，也从来没有把婆婆讲粗话的行为看得很严重。我该怎么办？是否该为了孩子放弃工作？

困惑的女人

一、好女人应该两样都好

　　这位女子的邮件让我想起杨澜在接受采访时说过的一段话。记者问杨澜："你认为成功的事业和成功的妈妈有冲突吗？"

　　杨澜的答复是："有一点，是在孩子小的时候。家庭与事业的矛盾，主要是时间与精力。在家庭与事业中，我不喜欢那种非此即彼两者选一的回答，为什么要两者选一呀？为什么不能两样都好呢？不过，一个人的时间、精力确实有限，我主张孩子3岁前多陪着他，我也曾有一年半时间不工作，专心带孩子。"

　　杨澜在事业上的忙碌及取得的成就是有目共睹的，作为一子一女两个孩子的母亲，她也尽力履行母亲职责，用智慧和爱心陪伴孩子成长，努力做到两样都好。

　　这位女子在邮件中提及的杨文女士，也堪称事业和家庭兼顾的典范，她从沂蒙山区小县城里一个小小被服厂的工人成长为一个教育集团的总裁，一个万人大校的掌门人，一个荣膺无数荣誉的民办教育家，一个开创中国"幼儿英语教学法"新流派的海归幼教专家。在拥有辉煌事业的同时，她还是一个幸福而成功的母亲。她儿子夏杨在举世闻名的英国剑桥大学留学，性格开朗，能力出众，曾任剑桥大学学生生物社团主席、剑桥大学学生科学社团人事部长、世界著名学生组织AIESEC成员，2005年创立剑桥大学中国医学协会并担任首任主席……

杨澜和杨文的经历告诉我们，好女人是可以兼顾事业和家庭，实现"两样都好"的。

二、事业成功的女人，更有能力引领孩子往高处走

杨澜说："作为一名母亲，最大的任务就是要培养孩子健康的人格和思维方式。"

杨文认为"真爱"是一种自由的关系，母亲情绪健康、心智成熟、具有良好的综合素质和足够的生活智慧，才有可能更好地担当起"教育者、示范者、提供者"的三种角色，才有可能把"无私的爱、科学的爱、推出的爱"给予孩子，才有可能使孩子在"读万卷书、行万里路、和万人谈"中，成为"具有成熟人格、鲜活个性、良好的专业技能和社会适应能力的人"。

我非常赞同她们的观点。在我看来，家庭教育最重要的任务是塑造孩子的和谐人格，最主要的方式是潜移默化。因为模仿是孩子的天性，孩子对母亲是"有样学样的"，很多时候，他不在意母亲怎么说，而是看母亲怎么做。

女人拥有成功的事业、健全的人格、开阔的心胸，教育起孩子来更得心应手，也更有能力引领着孩子往高处走。一个没有工作，终日困守家中，虎视眈眈地盯着孩子的母亲，很难让孩子信服。而且，把太多的精力放在孩子身上，对孩子管得过多，容易束缚孩子自由的天性，给孩子带来莫大的压力，让孩子心生反感。所以，我坚决反对女人为了孩子放弃工作，或者为了工作完全不顾孩子的极端做法。

一般来说，0~3岁是孩子性格和兴趣发展的关键期，有条件的话，女人可以请假或者辞职一段时间，专心在家带孩子，为孩子的长远发展奠定基础。孩子一旦上了幼儿园，母亲就应该积极投身到工作中去，在工作中不断完善和充实自己，让自己变得精彩而美丽。工作是提升

女性魅力，完善女性性格的最佳途径，工作着的女性因为精神和经济独立，心情愉悦，很容易给孩子传递一种健康明朗的人生观，让孩子变得自信而勤奋。

发邮件的这位女子，孩子已经4岁了，每天大部分的时间都在幼儿园里度过，她即使辞职在家，每天能够陪伴在孩子身边的时间也很有限。而且，她那样眷恋自己的事业，工作上也颇有成就感，没必要为了婆婆讲脏话，带不好孩子，就轻率地辞职；可以考虑选择高品质的幼儿园，将孩子周托，每周接送一次；也可以物色知根知底值得信赖的保姆帮忙照看孩子，自己在工作之余，多陪伴孩子游戏、娱乐，用心跟孩子交流，努力培养孩子独立而自信的人格，并以自己在事业上的成功，给孩子注入向上的动力。

父母离异后，孩子还能成才吗

促使我下决心分手也是因为儿子。一次老公酒醉回家没来由地发火，儿子在躲避的时候不小心触了电，医生说哪怕是再有几秒钟，儿子命就没了……

车老师：

孩子是上天恩赐给我的珍贵礼物，我发自内心地爱着他。我知道父母双全的家庭对孩子成长有多重要，但还是坚决离婚了，目前带着儿子和父母一起生活。

促使我下决心离婚也是因为儿子。一次老公酒醉回家没来由地发火，儿子在躲避时不小心触了电，医生说哪怕是再有几秒钟，孩子的命就没了。看着孩子被电击的伤处，我泪雨滂沱，终于知道我苦心经营的一切并不能给孩子带来快乐。在分手之前，我小心翼翼问儿子"你知道什么是离婚吗"，儿子天真的眼神里流露出一丝落寞，说："是不是爸爸妈妈不在一起了？妈妈，你别伤心，我陪你。"这话让我既心酸又欣慰。

车老师，爱孩子是连母鸡都会的，但是怎么去爱，爱到什么样的程度和方式确实让人深思。尤其是我这样的单亲妈妈，该怎样做才能护佑着儿子好好成长？希望得到您的指导。

我一直觉得父母貌合神离、家里终日硝烟弥漫的婚姻给孩子的伤害最大。孩子能否成才，与婚姻是否完整无关，与什么有关呢？权威说法如下。

资料一：美国的社会学家们根据细致的调查得出结论。真正影响孩子人生的,是父母的素质,而不是婚姻状况。当一桩婚姻已经死亡时,难道仅仅因为会给孩子造成伤害而让它继续在痛苦中苟延残喘吗? 与其强行堵漏,不如积极疏导。在美国,单亲家庭孩子占孩子总数的20.6%;在德国,1200万15岁以下儿童中,有250万生活在单亲家庭中;在英国,1/3的儿童生活在单亲家庭……由于这些国家单亲家庭数目庞大,整个社会有很大的宽容度和完善的社会保障系统,所以单亲家庭与双亲家庭没什么两样。

资料二：伦敦大学心理学家多萝西·埃诺博士谈到那些渴望成功并取得成功的人们时说:"母亲那种献身精神、那种专注,灌输给一个男孩的是伟大的自尊,那些从小拥有这种自尊的人将永远不会放弃,而是发展成自信的成年人。你有了这种信心,如果再勤奋就可以成功。"

资料三：英国皇家医院心理学家悉尼·克朗认为,确保一个孩子健康、幸福成长的最佳之路仍然是传统之路——一个父母相亲相爱的稳定家庭。但历史向人们展示的是:人类中最具创造性的思想家和事业成功者中,一些人却生长在单亲家庭。如果引导得当,母亲的决心和奉献精神是能够培养出时代最成功的人才的。

专家的看法并非没有凭据,很多名人伟人都出自单亲家庭,靠着全心全意爱她的母亲,变得独立而自尊,达到成功的顶峰。美国前总统克林顿是由母亲培养出来的一位成功者。克林顿是个遗腹子,在他来到人间前3个月,他的父亲去世。克林顿的母亲弗吉尼娅是上夜校成为一名护士的,她下决心要使儿子不但有个好职业,而且要上升得很快。她一心扑在儿子身上,让克林顿住大房间,在他3岁时就开始教他读写。克林顿上小学时,弗吉尼娅每天接送他上学,为此克林顿被同学们讥笑为"胆小鬼"。上高中时,克林顿是同学中第一个拥有汽车的学生,是他母亲从小给他存钱买的。后来克林顿到牛津上学时,弗吉尼娅要求他每星期给她写一封信,并审查他结交的新朋友,叮嘱克林顿永不停止学习,永远不要说"我做不到"。正是母亲弗吉尼娅的始终如一的关爱和照料,激励着克林顿走向成功。

据媒体报道，当《美国丽人》的导演萨姆·门德斯 2000 年 3 月 26 日荣获奥斯卡最佳导演金像奖时，他的右手牢牢抓着奥斯卡金像奖，而左手则扶着他母亲瓦莱丽的肩，因为他要让母亲和他一起接受人们的欢呼。门德斯激动地说，是母亲让他树立了坚持不懈的决心，是母亲的无尽推动力使他成为最优秀的导演。出生在英国的门德斯 5 岁时父母离异，是母亲抚育他长大成人。他深情地回忆说，当他请求担任电影导演的 70 封申请信遭到拒绝时，是母亲聆听了他近乎绝望的痛苦诉说，鼓励他更加努力，继续应试。门德斯的同事、导演蒂姆·弗思说："他的母亲是他的精神支柱，他的避风港，他信心的创造者。"

除了上述两个人物之外，在单亲家庭长大的知名人士还可以开列出一长串熠熠闪光的名单，孔子、孟子、岳飞、张柏芝、周杰伦、范小萱等，举不胜举。是什么原因让这些成长于单亲家庭的孩子走向世人梦寐以求的成功的呢？应该说是母亲，是站在他们身后的那位有爱心、有智慧、舍得全力以赴对孩子施爱的母亲。

好母亲是孩子精神的支柱，是孩子成功的缔造者。不单是母亲，假如离异家庭的孩子，跟的是父亲，而父亲也能秉持乐观、踏实的精神，接受自己的人生现状，刻苦奋斗，孩子多半懂事、成熟，而且很容易有出息。所以，单亲家庭的孩子也可以成功，支撑他的那份爱不管是父亲还是母亲。只要他们独立、自信、出色，给孩子当好榜样，又精心照料和陪伴孩子成长，孩子会变得很优秀，很懂事，会体会到爱的不易和艰辛，更容易走向成功。

离婚后，为了孩子能否与前夫同住

因为我丈夫在外面玩女人，痛苦和愤怒交织下，我们离婚了。但因为害怕伤害到孩子，我们还是住在一起。

车老师：

因为我丈夫在外面玩女人，痛苦和愤怒交织下，我们离婚了。但因为害怕伤害到孩子，我们还是住在一起。我们彼此经济独立，但生意上又有来往。可是，他完全没有家的概念了，想走就走，想回就回。总之，我们没法真正过上正常的家庭生活。有时想分开来各过各的，但一想到孩子我又放弃了。我不知道该怎么办，经常痛苦得通宵失眠。请您指点迷津。

假如父母真的有责任心，为了孩子好，就应该努力经营好婚姻，给孩子一个温馨舒适的家；走到离婚这一步，还住在一起，貌似为了孩子，其实带给双方和孩子的伤害会更大。

首先，从对离异双方的伤害来看。双方离婚，从法律上来说已经解除夫妻关系，各自都是自由身，谁也无权再干预对方的私生活。在这种情况下，打着为了孩子的幌子勉强住在一起，是自欺欺人、掩耳盗铃的做法。

何况，他们离婚的理由是男人花心出轨，假如有婚姻在，妻子尚有吃醋盘问的权利，丈夫还有遮遮掩掩的必要。如今离异了，前夫更加明目张胆，这位女子更痛苦。两人住在一起，既不能像分租合住的朋友那样，彼此尊重，礼尚往来，又不能像陌生人一样自行其是。

假使她如前夫一般不念旧情也罢了，显然，她对前夫还有依恋，还希望拥有正常的家庭生活。那么，她每天面对行为荒唐的前夫，说不得又管不得，耿耿于怀，通宵难眠也就在所难免了。

其次，从对孩子的伤害来看。出于不伤害孩子的考虑，他们才选择离婚不离家。但他们并没有意识到，孩子需要的不是一个貌似完整的家，而是一对负责任的，真心爱护和关心他的父母。

从这位女子的诉说来看，这对夫妻并不是特别在意孩子的感受。离婚后，他们表面上是为了孩子住在一起，但并没有为了孩子约束自己的行为。丈夫照样花心，妻子照样难过，孩子看起来有父有母，但父亲只顾自己寻欢，母亲则一味沉浸在自己的痛苦之中，他们并没有把精力和心思放在孩子身上。这样的父母对孩子而言，只是摆设，并没有办法满足孩子对亲情和父母之爱的需求。所以，给孩子性格和心理的伤害更大。

与其让孩子守着不称职的父母，因为缺乏爱而情感枯竭，不如让他享受一份更完整、更健康的父爱或者母爱。依照目前的情形，最好的选择是分开居住，尊重孩子的意愿，确定他的归属。双方继续生意上的往来，像朋友一样彼此尊重，和睦相处；积极承担对孩子的抚养职责，鼓励孩子跟对方见面，让孩子相信他的父母是好人，依然爱着他，他们不会因为离婚而减少对他的爱。

最后，我想说的是，一个脆弱的、动辄流泪和失眠的母亲，很难对孩子产生积极的影响。建议这位女子，为了孩子，振作精神，好好打理生意，努力寻找自己的社交圈，把自己的生活安排得充实一些，能够以自信、乐观、豁达的形象出现在孩子面前，给孩子当好榜样。如果她真的很尽职，孩子照样会变得优秀、懂事。这比徒有虚名的家更有利于孩子成长。

惑：怎样跟缺乏父爱的孩子相处

儿子现在也认不了几个字，楼下的小孩只比他大20天，

但能认识很多字；儿子不爱看书，他的兴趣就是玩电工工具。

车老师：

我和老公2003年认识，不到4个月闪婚。婚后，我们一起生活仅3个月，他就到外地上班。1个月后刚进家门，有个女人打电话找他，是我接的，那个女人骂我是狐狸精。我很生气，跟老公吵了一架，他说那个女人已婚，他们不可能在一起，他会改。

2005年，我到他工作的城市待了2个月，因怀孕再次回家，我坐月子时，他天天在网上和那个女人聊个没完。我很气愤，要求离婚，他不同意，说孩子太小，我只好忍了他。

现在，他又新交了一女友，还是已婚的，他俩同居了。这个女人经常发短信骂我，说我只是一个生孩子的工具，是保姆，咒我出门给车撞死之类的。春节期间，老公回来，他们一直泡在网上聊天，还互发一些很露骨很恶心的短信。

说起来，我真的挺伤心，在我生孩子痛苦时，他在外风花雪月；我辛辛苦苦在家带孩子，他却和别的女人卿卿我我。现在，他对我更是不闻不问，不理不睬，把钱都寄给他父母，从不寄给我；加上长期两地分居，好不容易在一起又吵吵闹闹，我对他也没什么感情了，可让他离婚，他就是不同意。

身边的朋友都劝我离，但离不离对我来说并不重要，因为现在这样和离也差不了多少。离了，孩子我也没办法带走，不如就这样过吧，

起码我能天天和儿子在一起。目前，我最大的心愿是把儿子带好，跟儿子一起开开心心过日子。

儿子马上要上小学了，我也没教他什么，天天让他自己玩。我觉得这么小的小孩如果不让玩，什么时候还有机会玩儿？儿子现在也认不了几个字，楼下的小孩只比他大20天，但能认识很多字；儿子不爱看书，他的兴趣就是玩电工工具。天天都说长大以后要当电工，天天在家玩的游戏就是拉电线，安电灯。

车老师，我很想问你，如何引导儿子爱上学习？跟6岁大的孩子相处时要注意些什么？

路路

读路路的邮件，觉得她的人生晦色又无奈。先是懵懂闪婚，婚后对老公的频频出轨束手无策，被两任小三辱骂也无可奈何；即使老公对自己不闻不问，毫无感情，还是以老公不同意离婚为由，蜷缩在婚姻的空壳里浑浑噩噩地过。甚至搬出孩子当挡箭牌，使自己更加安于这种质量低劣的婚姻。说是为了孩子，但对孩子也只是放任地由着他玩儿，并无养育的良方。

路路这种消极无为的心态，在心理学上被称作"鸵鸟心态"。据说，遇到危险时，鸵鸟会把头埋入草堆里，以为自己眼睛看不见就是安全。事实上鸵鸟的两条腿很长，奔跑得很快，遇到危险时，其奔跑速度足以摆脱敌人的攻击，如果不是把头埋藏在草堆里坐以待毙，足可以躲避猛兽攻击。所以，"鸵鸟心态"是一种逃避现实，不敢面对问题的懦弱心理。

长期抱着"鸵鸟心态"过日子，是自欺欺人的，因为老公出轨的行为在继续，小三刻薄的骂声不绝于耳，自己年纪轻轻的无法享受情爱，儿子又父教缺失。在这种令人窒息的婚姻中待久了，很容易让自己抑郁、自卑、绝望，危及身心健康，也无法护佑着孩子健康成长。

路路应该克服"鸵鸟心态"，从问题的回避者转向问题的解决者，直面婚姻和教子中的各种问题，寻求理性的解决之道。具体如下：

1.0 到 6 岁的孩子需要的是父母健康而充沛的爱，需要的是高品质的幼儿园教育，以培养多样兴趣，养成良好习惯，塑造开朗自信的性格。你们没有给孩子健全的家庭和父爱，似乎又没有让孩子接受幼儿园教育，只是放任地让孩子玩，而且，玩的东西又那么危险，孩子的处境和发展确实让人担忧。他不识字，不爱看书，绝对是父母失职、引导不当引起的。

2.孩子入小学后，可以学着认字读书，知识的欠缺有机会弥补，但他良好习惯的养成和对书本的热爱需要父母的引导。你指望不上老公，就得给孩子当好示范和榜样，比如：当着孩子的面多看书，对书本表现出浓厚的兴趣，给孩子讲故事，在游戏娱乐中引导他识字，鼓励他多看书；多给他买些智慧含量高和创造性强的玩具，让他拼装和摆弄，培养他的动手能力等。

3.教育孩子是门艺术，也是项系统工程，不能凭感觉率性而为，最好能静下心来，多读读《哈佛女孩刘亦婷》《少有人走的路》以及卢勤所著的《好父母 好孩子》等教子书。从这些书中获得行之有效的教子之道，引导儿子更快乐地成长，弥补之前父教的缺失和早期教育不良给他的发展带来的损害。

4."孩子是父母的影子，父母是孩子的榜样"，一个不爱看书，不思上进，满脸幽怨，对生活得过且过的母亲，很难背负起教子重任。就算不为了老公，为了孩子和自己，都需要赶快振作起来，寻找事业的支点，规划自己的人生，让自己的每一天都过得充实、精彩、有意义，在孩子面前树立起能干、自信、明媚爽朗的形象。这样，孩子才有安全感，才能获得向上的动力。

路路，当你努力经营每一天，用心过好每一天时，当你逐渐变得强大和独立时，你完全可以走出婚姻的牢笼，寻找情投意合的伴侣，过一种高质量的人生。所以，别再等，别再麻木隐忍地过日子，咬紧牙关迈出自立自强的第一步，坚定不移地往下走……

离异夫妻最伤孩子的做法

　　　　一个刚 3 岁的孩子肯定说不出这样的话。他的亲妈竟然这样教他，让我很害怕。

车老师：

　　我曾经有过一段失败的婚姻，好不容易振作起来之后，现在又面临新的情感困惑。

　　是这样的，3 周前，我认识了一个离异、带着个 3 岁孩子的男人，觉得他挺适合我的。他说前妻不管儿子，他就想找个贤妻良母型的女人。我们进展很快，沟通和感情都不错。我很喜欢那个孩子，想尽最大努力给他应得的母爱，应该说我和那个孩子磨合得还不错，在他爸爸的鼓励下，他甚至已经开口叫我妈妈。

　　按照《离婚协议》，孩子亲妈每个周末要接他去玩一天。上个周六孩子见了他的亲妈后，对我的态度大变，周日我们带着他到超市购物，孩子的爸爸鼓励他叫我妈妈。没料到，孩子冷冷地说："我只有一个妈妈，我妈妈叫×××。"

　　一个刚 3 岁的孩子肯定说不出这样的话。他的亲妈竟然这样教他，让我很害怕。从情理上来说，我觉得不让孩子见亲妈是不可能的，也太残忍！但亲妈如此调唆孩子，我既担心自己日后的处境，也害怕孩子无法和我建立深厚的感情，只认亲妈不认我，甚至害怕男友会因为孩子和前妻再旧情复燃。

　　车老师，我该怎样才能消除这些顾虑，不伤害我和男友及我与这个孩子的感情？男友希望我们再相处两三个月就去领证结婚，这样是不是太快了？烦请您帮忙分析一下，谢谢！

果子

看了果子的邮件，我为那个年仅 3 岁的孩子担着一份心，幼年失去母亲的庇护，在残缺的家庭成长已经够不幸了，他的亲生母亲还如此不明事理，调唆 3 岁孩子拒绝前夫女友的爱。

当离婚已经成为现实，夫妻复合无望时，前妻或者前夫最愚蠢的做法莫过于把孩子当枪使，拿孩子当作要挟对方的武器，调唆孩子和对方新欢的关系，将仇恨和混乱的种子根植于孩子心中，这很容易陷孩子于痛苦无助的境地，让他困惑、焦灼、无所适从。

要避免上述不智之举，夫妻一定要懂得站在孩子的角度思考问题，明智地选择最有利于孩子成长的相处之道。这方面，很多名人的做法及观点都值得借鉴。我印象最深的是伊能静在接受采访时的一段话。

伊能静是父母离异家庭的孩子，但自幼跟随母亲生活的她始终对父亲充满尊重和爱，这得益于母亲的正确引导。在一次接受采访时，她充满感情地说：

"母亲曾对我提到早早离婚的父亲，她从不口出恶言，于是在我们心中，负心的父亲却成了完美的形象。母亲替我们保留了父亲，同时也保留了她自己曾经爱过的过往，这样的成全其实也成全了自己。这世界的很多人都必定是在为爱付出或努力，不管任何一个人，在爱的路途上以任何形式都无法再延续时，也都该为对方祝福，而不是恶意的延续。两个不幸福的人在一起还不如去寻找四个人幸福的可能，保留曾经美好的记忆，也保留了爱真正的价值——快乐。毕竟两个人最初相爱的原因是因为想在一起，在一起很快乐，只能希望相爱过的人要珍重，无论伤或被伤、爱或被爱，都有美好的价值。"

是啊，当婚姻维系不下去，当夫妻分手已成定局时，应该意识到孩子是无辜的，别把孩子卷入情感的旋涡，更不要对着孩子拼命诋毁对方，让孩子充当感情的裁判。这对孩子心灵的伤害是极为惨重的，会扭曲孩子的心灵，让他们对父母心寒，对感情失望，甚至对人生失去信心。

离异夫妻应该像伊能静父母那样，尊重孩子，心平气和地和孩子交流，让孩子明白父母都爱她，只是不合适在一起生活，重新选择感情是父母的权利，争取赢得孩子对自己感情的体谅和尊重；同时要鼓励孩子跟父母的新欢建立深厚的感情，让孩子比别人多享有一份真挚的父爱或母爱，以此保持孩子内心的纯净和对爱的向往。

如果可以的话，建议果子意识到3岁男孩的无辜，继续对孩子投入真情，让孩子发自内心地喜欢上自己，尝试着和男友的前妻做朋友，让她感受到自己对孩子的一片真心，和她一起协商让孩子更好地成长的办法。

当然，认识几周就谈婚论嫁是仓促了些，可以放慢一点儿步伐，等自己有了足够的雅量和心胸，能很好地处理和那位前妻的关系，真正接纳孩子并且对这份感情充满信心时再嫁也不迟。

一位妈妈对10岁女儿的忏悔

女儿今年刚满10岁，当我敲出"女儿"这两个字时，我的眼眶已蓄满眼泪，心也似被揪着般痛。我对不起她啊！

车老师：

今天，我终于鼓起勇气给您写这封信，诉说我从来不敢面对的隐痛。女儿今年刚满10岁，当我敲出"女儿"这两个字时，我的眼眶已蓄满眼泪，心也似被揪着般痛。我对不起她啊！我担心我满心的悔恨、惭愧会让我把这封信写成满纸的诉苦，还是尽量用最简洁的语言把问题说清楚吧。

我看过很多育儿书籍，知道孩子每个成长阶段有与之生长规律相应的能力培养，孩子的教育是等不起的。我也懂得阅读对孩子的一生有多么重要，而决定阅读能力和语言表达能力又与幼儿时期听妈妈讲故事分不开，但我几乎没有在孩子睡前讲过故事。女儿小时候虽然跟我们一起睡，我都是让她自己先去睡，等她睡着了我才睡。因为如果我跟她一起睡，她睡着了我就会变得很清醒，很难入睡，所以，我跟女儿的睡前聊天是一片空白。如今，我真的无法原谅自己，就算睡眠不好，不就那么几年吗？我作为一位母亲，为什么这么自私？广秀老师，你能体会到我现在心中的愧疚和自责吗？

不仅如此，我的性子急脾气暴躁，平时对孩子没有耐心，经常训斥孩子。其实每次训斥后，我也很后悔，可还是不断地重复着。也因为对自己行为的内疚，平时对女儿的物质需求没有原则，看到物质给孩子带来的满足和快乐，似乎能减轻心中的内疚。

现在，女儿的思想和语言非常幼稚，表达能力也不行。平时和伙伴们一起玩看不出什么问题，如果要她一个人说什么让全部人听，那她只会笑，要么发出的声音很不正常，好像堵在嗓子眼了，我觉得是因为她的语言能力不强引起的不自信。

女儿现在的问题除了语言表达能力弱，性格上也有很大缺陷。虽然她平时很黏我，但她不懂得感恩，不懂得珍惜东西，经常跟我们顶嘴，甚至出言不逊。我问过她为什么不尊重爸妈，她说忍不住。

这些年，我完全知道自己错在哪里，也一直处在惭愧和自责中，可还是重复着不知不觉过了 10 年，10 年啊！我觉得孩子有我这样的妈太可怜了，如果可以选择，她肯定不会选择我这样的女人当她的妈妈。

很多东西可以重来，只有教育不能重来，我该怎么办？广秀老师，请你教教我！都说亡羊补牢为时不晚，哪怕满圈的羊只剩下一只，我也应该把羊圈补起来，帮帮我吧！

柳柳

柳柳的邮件印证了在教育孩子的问题上"知易行难"这个命题，很多时候，家长们心里都明白该怎么做才对孩子好，但因为性格、个人素质及习惯使然，就是很难做到。因为教子是一项长期的系统工程，需要家长健全的人格，良好的个性及表率作用，并不是看几本育儿书，涉猎一些育儿理论就可以驾轻就熟的。现结合她邮件中的几句话，简析如下：

1. 就算睡眠不好，不就那么几年吗？我作为母亲，为什么这么自私？这些年，我完全知道自己错在哪里，也一直处在惭愧和自责中，可还是重复着不知不觉过了 10 年。

在教育女儿的问题上，柳柳采用的是"退避—自责"式的方式，即知道该怎么做却找些理由不去做，然后陷入无休止的自责，时间长达 10 年。其实，"退避—自责"是一种消极退缩型的解决问题的方法，展示的是柳柳不成熟的心态和情绪化的人格特征。

事实上，只停留于忏悔和自责而不拿出行动去改进和提高，这种忏悔无济于事，只会加重自己的心理负担，让自己的情绪恶化，充满犯罪感，无法理直气壮管教女儿。因此，柳柳急需解决的不是女儿的问题，而是自己的问题。

首先，要提高情绪掌控能力，走出忏悔自责的旋涡，让情绪趋于稳定平和，让心态趋于成熟。自己成熟了，才能采用理智成熟的方式与女儿相处。假如自己无法做到，可考虑接受专业的心理咨询。

其次，"心动不如行动""想得好不如做得好"，立刻停止自虐式的忏悔，马上用实际行动去弥补。比如，多鼓励女儿，每天再忙都抽出一小时陪女儿聊聊，耐心听女儿讲话，陪女儿做游戏，跟女儿做朋友，在跟女儿沟通的过程中，逐渐提高女儿的语言表达能力，改善其行为习惯。

2. 她不懂得感恩，不懂得珍惜东西，经常跟我们顶嘴，甚至出言不逊。我问过她为什么不尊重爸妈，她说忍不住。

一句"忍不住"道出了女儿的情绪掌控力差及内心对父母的反感，但这应该是拜父母所赐，或者说是跟母亲学的，因为柳柳明知训斥对孩子不好，但就是控制不住地训斥孩子。过多的训斥会让孩子自卑、焦灼、以敌对的方式进行自我防御。而且，尊重是相互的，既然她并没从父母那里得到相应的尊重，她当然不明白怎样做才是尊重父母。

因此，柳柳要想赢得女儿的尊重，让女儿变得安全自信，懂礼貌，知感恩，先要学会尊重女儿，努力控制自己，减少训斥女儿的行为。可以每天记录下训斥女儿的情景，分析是否有必要，有没有更合理的表达方式，多提醒自己，渐次减少。必要时，可跟女儿签署协议，让女儿监督。

3. 现在，女儿的思想和语言非常幼稚，表达能力也不行。

柳柳对待女儿的方式就是极不成熟、极端情绪化的，又怎能奢望10岁的女儿能够思想和语言都表现得成熟呢？何况，她毕竟只有10岁，思想和语言表达的成熟度是有限的，行和不行不能草率下结论，要通过专业测评，有专业证据显示女儿的思想和语言表达能力比同龄人滞后才行。

如果女儿平时和伙伴们一起玩看不出什么问题，就说明她跟同龄玩伴的水平相差不了多少；若果真如此，就要降低自己的期望值，放平自己的心态了。而且，就算女儿真的在这些方面的发展滞后，也是你们的教养不式不大对，与其为此失望、焦躁、自叹自责，不如敞开心扉接纳女儿，包容她的不完美，肯定她的长处，让她在现有基础上快乐成长，做她自己。

4. 都说亡羊补牢为时不晚，哪怕满圈的羊只剩下一只，我也应该把羊圈补起来，帮帮我吧。

要做到"亡羊补牢为时不晚"，最关键的是行动，而且，要想把牢补起来，不但要弄清楚亡羊的原因，还需掌握补牢的技术，说到底还是父母的素质和个性问题。这需要有意识地提高，多阅读多思考逐渐提升。我只能提醒柳柳，在家庭教育中，父母榜样是最高法门，孩子是父母的影子，对父母是有样儿学样的。假如你现在依然控制不住地训斥女儿，就别抱怨女儿不尊重你；假如你现在依然只忙着忏悔和自责，而不付出行动和努力，就别抱怨女儿的表现不尽如人意。

女儿只有 10 岁，只要你从现在开始，提高自己的情绪掌控力，理智平和地与她相处，尊重她，善待她，接受她，鼓励她，应该还来得及。

刚上初一的女儿早恋了怎么办

就在昨天，发现她在学习时间发短信，我把手机没收了，
查看是给一位男生发的，那男生说爱她。我当时就蒙了……

车老师：

我女儿今年刚上初一，学习成绩很好，期中考试成绩在全校名列第三，别人都夸她漂亮聪明。我知道青春期孩子早恋很普遍，经常跟她讲早恋的危害，她说过她不会的。可就在昨天，发现她在学习时间发短信，我把手机没收了，查看是给一位男生发的，那男生说爱她。我当时就蒙了，觉得平时很听话的女儿怎么也这样了？

吃完晚饭后，我决定跟女儿谈一次，问她是不是在恋爱？她说不是，我说那短信是怎么回事，她不说话了。我又问女儿喜欢那个男生什么地方，她说不知道。我说不知道就喜欢太盲目了，我问女儿你不是说过不会随便喜欢别人的吗？女儿说可她现在就喜欢上了，还说那个男生就是对她好，不过他们现在已经掰了。我问为什么掰，女儿说她的好朋友知道这事后找了那个男生，告诉那个男生如果真爱我女儿就不要打扰她，否则是在害她，那个男生为了不影响我女儿成绩就想不谈恋爱了。

我说那很好啊，你的朋友对你也很好，你们以后就不要单独来往了，不要打电话发短信了，女儿说那不行，我已经答应帮那个男生学习，给他补课了。我说补课这事你做不了，你也没时间，让他妈妈给他找个家教吧。你告诉他自己的学习经验方法就可以了，女儿说不会影响学习，又说班上两个同学从谈恋爱后学习成绩都上升了。我说不受影响的是极少数，女儿虽不说了，可我知道她心里并没认可我的观点。

现在的我心急如焚，又怕多说会引起逆反，请您帮我出出主意，接下来该怎么办？多谢了。

一位不知所措的母亲

这位母亲的女儿刚读初一，也就是 13 岁左右的年龄，处于心理学中所讲的第二反抗期。因为生理心理的急剧变化，易对异性产生朦胧的好感，也容易对父母的说教产生逆反心理。了解这个时期孩子的早恋特点，因势利导是非常重要的。下面是给这位母亲的简单答复。

一、初一学生早恋的心理特点

从这位母亲的描述中看出，她的女儿既漂亮又好学，她对女儿寄予厚望。发现女儿小小年纪居然承认喜欢一个男生时，感到惊慌失措，是可以理解的。

不过，我想提醒她，初一的孩子年龄较小且社会成熟度相对较低。他们因为身心的快速发育，易对异性感到好奇并产生朦朦胧胧的好感。在这种好感的驱使下，会模仿影视文学作品，向异性眉目传情、暗送秋波、递字条，包括互发一些暧昧而又天真的信息，甚至可以一本正经地进行"我爱你"的表白。

事实上，这个时期的孩子并不理解爱的含义，也无法进入真正的恋爱状态。很多孩子是把对异性的好感误当作爱情，他们所谓的爱带有很大的盲目性、模仿性和不稳定性，也在一定程度上带有游戏性的特点。既随心所欲，也容易改变初衷。就从这位女生和她母亲的对话中，可以看出那位男生爱她，但很快又掰了，掰的理由是不想影响她学习。尽管这么快就掰了，女孩并不伤心，却很热心地想在学习上帮助他，等等。其对感情的天真可爱状，让人忍俊不禁。

所以，我觉得初一孩子对异性产生好感是正常的，但还不能定性为"早恋"，把它看成是早期异性交往欲望更确切些。

二、家长的应对策略

(一) 做孩子真诚可信赖的朋友

处于人生反抗期的孩子，其主要特点是身心发展不平衡，成人感和半成熟现状之间的错综矛盾及这些矛盾所带来的心理和行为的特殊变化，使得他们情绪激烈、冲动、任性。成人感使他们的独立意识强烈起来，对父母的信赖减少了，开始公然地对抗父母权威；而半成熟的状态使得他们无法从容应对成长中的各种矛盾和冲突，困惑和挣扎，渴望来自父母的理解、支持和保护。

对这个时期的孩子，家长应该给予特别的尊重、体谅、理解和关注。努力为孩子营造温馨和睦的家庭气氛，像朋友一样和孩子推心置腹地交谈，凡事多征求孩子的意见，多肯定和鼓励孩子说出自己的想法。如果家长能成为孩子可信赖的朋友，孩子有什么心里话都愿意向家长诉说，家长又能心平气和地倾听和引导，孩子会减少一些逆反心理，家长也可见机行事。

因此，要想顺利地陪伴孩子度过反抗期，家长必须懂得尊重孩子，平等而真诚地和孩子相处。这位母亲跟女儿的关系是比较融洽的，但没收女儿的手机，私看女儿的短信，以说教的方式阻止女儿和那位男生来往的行为有失妥当，容易让女儿对她产生戒备和防范心理。

(二) 鼓励交往，加强指导

西方有句谚语说："爱就像是炉火，关得愈紧，烧得愈旺。"言下之意就是不能强行遏制，只能做和风细雨式的引导。

这方面，一位优秀班主任的做法值得借鉴。他是位初中的班主任，发现班上体育委员和另一女同学关系过密，直觉告诉他：他们早恋了。一打听，才知道原来他俩早在小学六年级时，就来往密切。父母的打骂、老师的劝说都无济于事。这位老师用心思考之后，决定装成什么也不知道的样子把他俩安排成同桌。开始，他们确实非常亲密，但班主任只是在班会上对早恋的危害进行旁敲侧击，从没有刻意批评他们。

一个多月后的一天，那位体育委员直接找到班主任要求换座位。班主任故作吃惊地问："怎么了？你不是和她很合得来吗？"体育委员不好意思地说："原来我看她什么都好，可自从我们同桌以后，我发现她缺点越来越多，我们近来经常闹别扭。老师，请你把我们调开吧，我们都知道我们以前的想法太幼稚了。"

一件很棘手的事情就这样顺利解决，走出早恋旋涡的两个学生双双考入重点高中。当别人问这位老师为什么敢这么大胆安排时，他说，他是受到罗密欧与朱丽叶的爱情悲剧的启发，反其道而行之，从而避免了心理学家所称的"罗密欧与朱丽叶效应"。

众所周知，罗密欧与朱丽叶的爱情在双方家长的粗暴阻挠和干涉下，不但没有丝毫减弱，反而让他们的感情更深，落得个双双殉情的悲惨结局。生活中，父母的干涉越多，反对越强烈，恋人们相爱就越深，这种现象被心理学家称为"罗密欧与朱丽叶效应"。此效应说明感情如水，强行堵漏，不如因势疏导。

尤其是在孩子逆反心理很重的青春期，强行干涉会让孩子把主要的精力用于对抗父母和保卫爱情上，即："你们不许我这样做，我偏要这样做。"在逆反心理的作用下，只保持在好感阶段的异性交往会迅速向早恋关系发展。因此，建议这位母亲不要强行阻止女儿跟那位男生交往，对自己私看短信，指责女儿的行为真诚地向女儿道歉，以赢得女儿的信赖和好感。然后通过如下措施，加强和女儿的沟通，对她因势利导：

1. 和颜悦色地告诉女儿，她进入青春期，人长得漂亮成绩又好，被男生喜欢是很正常的，她对某个男生产生好感也是完全正常的，对她表示体谅和理解，提醒她要帮那个男生提高成绩，自己学习必须更努力才行。

2. 让女儿邀请班上一些男女同学来家里做客，包括那个男生在内。待同学告辞后，可以像朋友一样，交流一下对那些同学的看法。不动声色地提醒她，随着她越来越漂亮出色，喜欢她的男生会越来越多，不能因为别人说喜欢她，就立刻也喜欢上别人，那会喜欢不过来的。所以，先别急于说爱和喜欢，努力和他保持同学间的友谊关系就可以了。有机会要多和班上更多的男生和女生交往，享受友谊的快乐，切莫因为"一颗星而放弃满天的星星"。

3. 建议班主任安排女儿和那个男生同桌，让她有更多的机会了解他，解除神秘感和好奇心。很多成人都是因为陌生而相爱，因为了解而分手的，人性的弱点是越容易得到的东西，越觉得乏味。对于感情纯真又不稳定的孩子，他们的感情在没有外力干涉时，一般也都来得快去得也快。

4. 在家里放置一些青春期心理及论及早恋危害的读物，让女儿看，增强她的自律能力；也可以在陪女儿外出散步游玩时，给她讲一下自己和自己的朋友年轻时的情感经历，和女儿一起探讨怎样把握自己，不放任自己的感情等。

总之，面对孩子成长期对异性滋生的朦朦胧胧的情愫，家长没必要大惊小怪，把其视为洪水猛兽。应该耐心倾听孩子的心声，以尊重和真诚的心态和孩子交流，悉心指导孩子的行为，让孩子尽快走出早恋的旋涡，健康地成长。

孩子为什么会变得无理又无能

> 她的泪腺发达，哭声响亮又尖锐。不但弄得她父母束手无策，我们也经常被她哭得头昏脑涨……

老丁夫妇32岁才喜得千斤——娇娇，对她真是爱若至宝。说他们"捧在手里怕摔了，含在嘴里怕化了"，一点都不过分。娇娇在父母的过分溺爱之下，骄纵任性，特别爱哭。

我们一班老朋友聚会，老丁夫妇大部分时间都在手忙脚乱地哄劝哭闹不止的娇娇，那个娇娇尽管只有3岁，那股闹腾劲儿让我们这些大人都吃不消。一起用餐的时候，她要喝水，水倒得慢一点儿，她哭，水凉了她哭，水烫了等不及她也会哭。你好心夹菜给她，假如没事先征得她的同意，她哭；你给别的小朋友夹菜不理她，她也哭。假若你不小心碰她一下，那更麻烦了，她可以哭得死去活来，眼泪简直要把人淹死。

她的泪腺发达，哭声响亮又尖锐。不但弄得她父母束手无策，我们也经常被她哭得头昏脑涨，为求清静，尽可能躲得远远的，不去招惹这个"眼泪公主"。

当娇娇的哭声愈来愈频繁，让老丁夫妇焦头烂额、难以招架的时候，他们突然想起我是学教育心理学的，就向我求助，让我帮忙分析一下孩子爱哭的原因，并想办法改掉她爱哭的坏毛病。

为了让他们明白娇娇爱哭的原因，我先给他们介绍了一个有趣的心理实验：有一位叫斯金纳的美国心理学家，把一只饥饿的小白鼠放在特制的斯金纳箱里，并允许它在箱内自由探索。在探索行为过程中，小白鼠或快或慢地偶然按压一下箱内的杠杆，于是一个食物小丸掉到箱壁下部的小盘内，白鼠就吃到了该小食丸。当再次按压杠杆时，又能得到小食丸，于是，小白鼠为了得到小食丸，一次一次地去反复按压杠杆，形成了条件反射。

我把这个实验同娇娇的哭联系起来，分析二者的相同之处：

第一，饥饿的小白鼠发现，只要按压杠杆就可以得到食丸，为了得到小食丸，一次一次地去按压杠杆。压杠杆是它获取食物的手段。

第二，聪明的娇娇发现，父母很怕她哭，只要她一哭，父母就会拼命地哄她，答应她的各种要求，所以，为了让自己的所有要求都迅速得到满足，成为父母关注的中心，她就一次次拼命地大哭。

然后，我问："现在，你们知道娇娇为什么爱哭了吧？"

老丁恍然大悟，说："那是因为她知道我们怕她哭，就把哭当作威胁我们的武器，我们越怕，她的武器就越灵验，这个狡猾的小东西。"

我点头赞许，继续说道："问题的症结就在一个'怕'上，假如你们不怕，让这个威胁你们的武器失灵，她哭起来没意思，自然而然就会少哭或不哭。你们要改掉她爱哭的坏毛病，就从不怕她哭入手。当你确认娇娇的哭不是因为生病引起，而纯属无理取闹时，你可以通过游戏等方式转移她的注意力，可以模仿她的哭声，把她逗乐，也可以假装对她的哭声听而不闻、视而不见。躲开她若无其事地去干该干的事情，装出一副很忙碌的样子，你要给自己这样的心理暗示：孩子想哭就让她哭一会儿，反正也哭不坏，哭累了她自然会停下来。等她不哭之后，再给她讲道理，让她明白，哭绝对不能威胁父母。"

老丁听了我的话，频频点头。

其实，不止哭如此，孩子很多坏毛病之所以得不到及时纠正，与家长因为"怕"而一味让步，处处受制于孩子有很大关系。

比如说：因为怕孩子吃不饱，孩子四五岁了，还捧着饭碗四处追着喂饭，使得吃饭成为孩子和家长的一大负担；因为怕孩子做不好，所以，帮他穿衣穿鞋，帮他把一切都打理好，使孩子上小学了，还不会穿衣服，不会整理自己的东西，离开父母寸步难行，等等。

家长这种无理性的"怕",助长了孩子很多恶习，让孩子骄纵任性、懦弱无能、自我中心等，"怕"之反而害之。

因此，家长应该给孩子一份理智的爱，注重培养孩子的良好习惯和性格，鼓励孩子自己的事情自己做，引导和帮助孩子健康成长，不应该因"怕"而处处受制于孩子，让孩子变得无理又无能。

别让孩子生活在家暴男的拳脚下

> 结婚以来，平均一个月他就会打我一次，还都是因为一
> 些芝麻小事，下手却那么凶狠。

车老师：

我是一名家庭暴力的受害者，婚姻很不幸福。可惜还有一个快3岁的儿子，真不知道该何去何从。结婚以来，平均一个月他就会打我一次，还都是因为一些芝麻小事，下手却那么凶狠。我根本不知道他什么时候会出手打人，对他的暴力行径简直防不胜防。难道我永远做个他让我朝东就朝东，让我朝西就朝西的任人摆布的人？

面对这样的家暴男，我真是痛苦又无奈。离婚的话，可怜的儿子就会成为我们不幸婚姻的牺牲品。我该怎么样处理婚姻问题呢？烦请指点迷津。

晓青

读晓青的邮件，我想起央视《今日说法》栏目曾播出的《被虐待的女童》和《家暴惨案》这两期节目。在《被虐待的女童》中，9岁的婷婷被父亲和继母残忍虐待，腿部严重溃烂，脸部受伤，在医院治疗45天才康复。没想到父亲把她接回家的当晚，她就遭到了后妈的欺凌。婷婷被接到派出所，婷婷的父母向民警保证不会再打婷婷并写下保证书，回去以后还是继续虐待打骂婷婷，后经有关部门出面协商，婷婷由其大姑监护抚养，父亲定期支付抚养费。

在《家暴惨案》中，12岁的女孩刘馨被父亲刘建康用塑料绳捆绑

在铁梯子上，用橡胶管长时间抽打其背臀部、胸腹部等部位，一直持续了两个小时，直到刘建康发现女儿面色不对，把她送往医院接受治疗，医生检查后发现，刘馨已经停止了呼吸。刘建康最终被法院以故意伤害罪判处有期徒刑10年。

这两期节目看得我毛骨悚然，在震惊和气愤之余，我发现这两位家暴男身上集中暴露出众多家暴男的可怜与可恨之处。

可怜之处在于，他们本身也是家庭暴力的受害者，成长于破碎或者充满暴力的家庭中，养成攻击型人格障碍，婚后都控制不住地对妻子施加暴力，把妻子打跑后，再将暴力行为延续到孩子身上。比如《被虐待的女童》中，婷婷的爸爸自述，在他两三岁时，生父病逝，母亲把他交给别人抚养，养母一家经常对他进行打骂，有一次用很长的扫把抽了他一下，眼睛都快抽瞎了。他很早就外出打工，工作压力大，脾气暴躁，40岁时才有了女儿婷婷，后跟妻子离婚。妻子另嫁他再娶后，婷婷跟着他和继母生活，他经常控制不住地打骂女儿。

《家暴惨案》中刘建康的成长背景不详，但从邻居采访和他大女儿留下的信来看，此人没什么能耐，平常在家待着就是耍钱，吃喝嫖赌样样俱全，还是个虐待狂。10年前经常打骂妻子，把妻子打跑后，拳头转向两个女儿。大女儿不堪其虐待离家打工自立；他就对小女儿频频施暴，手段残忍令人发指，直至将女儿虐杀至死。据此，我推测他可能成长于残破或暴力家庭，在极度缺爱的环境中长大，否则，很难对妻女凶狠无情至此。

可恨之处在于，他们对家人施暴时不仅理直气壮，还振振有词。如婷婷的父亲和继母虐待女儿的事情被媒体曝光后，在当地引起了公愤，他们甚至到派出所写下了保证书，但之后依然控制不住暴力行为。记者采访刘父为什么对女儿频频施暴时，他说："本来对女儿给予很大的希望，想她比别人听话、不顽皮、不捣蛋。见女儿不听话，就忍不住动起手来，用鞭子抽她，心都抽痛了。比起自己小时候吃的苦，婷婷现在受的这些打骂和委屈算不了什么，只是在磨炼她。"他对自己的暴力行为没有悔悟，认为自己只是用暴力方式管教孩子，外人对他管教孩子的方式如此反感，他反倒有些不理解，因为他就是这么长大的。

而刘建康把女儿打死后，对自己的残忍行径也并无多大的悔意，在法庭上拼命为自己开脱，还痛哭流涕地说："我不是故意给孩子打成那样。可怜天下父母心，谁愿意给孩子打成那样啊？她偷了那么多东西，我赔冤枉钱，我都赔出几千块钱出去。事发当天，只是想教训一下女儿，不是故意要打死她的……"

法官问他："你知道这么打孩子会对她造成伤害吗？"

他拼命摇头说："我不知道，我确实不知道。"

从这两个家暴男的发言中，不难发现家暴男的荒谬与可恨之处，即控制不住地对妻儿频频施暴，丝毫感受不到暴力带给妻儿的伤害和痛苦，反而将责任一股脑地推到他们身上。说是他们不听话，才打骂他们的，打骂也是为了他们好。在他们冠冕堂皇的话语背后，他们只是在妻儿身上宣泄内心的怨怒，在他们的凄哭哀号中获得变态的满足而已。

面对心态如此扭曲的家暴男，靠柔情和忍让去感化他是行不通的，或者由司法机关出面，对家暴男予以惩戒，让他们意识到家暴的后果，不敢轻举妄动；或者由专业机构对家暴男进行人格疏导和矫正，帮其摆脱暴力倾向，否则，跟家暴男生活在一个屋檐下是很痛苦也很危险的事情。所以，我建议晓青搜集证据向当地派出所和妇联求助，在他们的帮助下，尽快带着孩子离婚，靠自立自强照顾好孩子，千万别让孩子生活在家暴男的拳脚下。

18岁男孩为啥拼命虐待小猫

> 这么多年，他每次来我家玩，总是故意用脚踩猫、出手拍打猫头、用绳子套着猫脖子拉扯它，看见小猫受惊咆哮、愤怒地频频出爪还击，他就显得很高兴并且乐此不疲。

车老师：

我有一个亲戚家的孩子，今年18岁了，他很喜欢猫，但另一方面又总是以粗暴的方式对待猫。这么多年，他每次来我家玩，总是故意用脚踩猫、出手拍打猫头、用绳子套着猫脖子拉扯它，看见小猫受惊咆哮、愤怒地频频出爪还击，他就显得很高兴并且乐此不疲。

我家小猫的本性是很温顺的，每次他来我家，小猫都会不计前嫌向他示好，可他只是亲近它一会儿，不出3分钟就变脸，让小猫受尽折磨。他家人都很无奈，劝过、教过、骂过也拦过他，他总是屡教不改，依旧我行我素。这种情况，从他3岁时就开始，一直延续至今。

去年，他收养了两只刚出生没多久的流浪猫，在家里总是虐待它们，比方说他家住在八楼，他故意捉着小猫伸出阳台外面去，小猫看见下面全是空的，恐惧得喵喵大叫，他却觉得很好玩似的，他爸爸喝令阻止也不听。他爸爸说他根本不善待猫，干脆送人好了。他却不愿意，后来他爸爸就把小猫拿到办公室里养起来（自家的公司），他放学回家发现小猫不见了，以为被他爸送人了，一气之下把家里新买的液晶电视踢穿一个洞。他妈告诉他小猫在公司，他马上去抱起小猫，投奔奶奶家了。暑假结束后，他才回家，可从来没觉得自己做错事，也没有向家人道歉。

今年春节我去他家住了几天，看见那两只猫已成年了，长得还算肥壮，可是一脸的怨尤，对陌生人很警惕，而他对待它们，还是像过去那样粗暴。我终于体会到他爸说过的那句"我对他早就寒心了"。

我想问，他为什么会这样呢？他欺负小猫时，有什么方法可以令他认识到这样的行为是不文明、没爱心、不该做的呢？

补充一下：他父母这些年的感情很不好，是貌合神离凑合着过的，最近这两年还经常闹离婚。他爸爸对孩子很严厉，习惯于一脸正气地教育他，妈妈对他则是毫无原则地溺爱，无论他做什么过分的事情，她都笑嘻嘻从不阻止。于是他总是爱妈妈而恨爸爸。再加上妈妈经常暗示他，说现在已经攒了一笔钱（数目不少），等他大学毕业后就离婚，并买一套房子带着他一起生活。这话他也曾在我面前说过，还一副很赞同、很神往的样子。

其实，他妈妈并没有固定的工作，只偶尔在老公的公司帮点忙，性格也很不好。在他小时候，她嫌儿子不听话而出手掐他，在不耐烦时，还试过一脚踹开他，让他像只乌龟一样仰躺在地上哇哇大哭。补充这些内容，是想让您对这个孩子的行为有更深刻的了解。不知道孩子这样，是否跟他父母的婚姻状况及教子方式有关？

我很为这个孩子的性格担忧。在所有亲戚中，我是他最信任、最尊重的那个，趁他还愿意听我的，我想向您讨教一下教育他的正确方法，不胜感激。

花花

一、孩子虐待动物的心理原因浅析

从花花的邮件中不难看出，这个孩子从 3 岁开始，一直延续至今的虐待小猫的行为，与父母貌合神离的婚姻和不恰当的教养方式有很大关系。

因为成长过程中笼罩着父辈婚姻的阴影，承受着父亲的严厉、母亲的情绪化及无原则的溺爱，这个孩子的内心充满压抑、焦虑，缺乏安全感和自信心。但他无法对抗父母权威，只好通过虐待小猫来发泄心中郁闷，缓解紧张情绪，在小猫无助的咆哮、挣扎与叫喊中获得愉悦感，寻求心理平衡。

他的虐猫行为属于成长过程中爱的缺失造成的人格障碍。在这里，小猫只是替罪羊，他真正表达的是对父母的不满，将父母对他内心情感的伤害转嫁到无辜的小猫身上。

二、怎样纠正孩子虐待小动物的"怪癖"

看到花花的邮件，我最惋惜的是孩子的这种虐待猫行为从 3 岁就开始了，他的父母家人居然没有警觉并寻求解决之道，任其拖延至 18 岁。现在矫正起来有一定难度，但不矫正，任其发展的话，他很容易形成反社会型人格障碍，对社会对他人冷酷无情，甚至在自己组建的家庭中虐待自己的配偶和孩子。

这方面血淋淋的教训很多，如 2009 年 11 月 27 日发生的震惊全国的北京大兴灭门惨案，惨案的制造者李磊亲手杀死了养育自己多年的父母，自己的妻子和妹妹，以及两个可爱的儿子。他自己供认，从小父母就对他的管教非常严厉，结婚后妻子在家里又过于争强好胜，加上自身性格内向，长期的家庭积怨在他心中累积。最近几个月，家里的矛盾更加突出，于是在 11 月 23 日晚上集中爆发。

可见，父母不恰当的教养方式，孩子在成长过程中积郁的苦痛太多，成人后很容易形成人格障碍，而畸变的人格往往使得这类孩子敏感、偏激、冷酷、爱无能，一旦在感情和事业上受挫，会不管不顾地报复弱小者以泄愤，导致一桩桩触目惊心的社会惨案的发生。

所以，借花花的这封邮件，再次呼吁父母，在孩子成长的早期，把爱给足孩子，理智而友好地跟孩子相处。不要让孩子卷入父母的情感纠纷，为孩子奠定明朗、乐观的人格底色，让孩子懂得自爱与爱人。内心充满温暖和爱的孩子，自然不会发生虐待小动物的行为。父母和谐的婚姻，理智而完满的爱是抚慰孩子心灵、纠正孩子行为偏差的最佳妙方。

具体到这位 18 岁的男孩，要矫正他，需要他父母的反省和配合。首先，父亲要改变严厉指责的方式，尽量尊重、平和、友好地与孩子相处，消除孩子心中的恨意和敌对心理；母亲要控制自己的情绪，在孩子面前不触及离婚的话题，不再纵容溺爱孩子，而是以平等的、理智的方式关注孩子的成长。父母携手将爱、信任、尊重和友好洒入孩子的心田，也许可以化解他心头的暴虐与焦躁之气，让他变得善良而豁达。

花花在这位男孩到自己家时，可以把猫藏起来并直言不讳地告诉他，他虐待猫的行为让自己有多痛心。可以跟他口头约定，如果他虐待猫的话，自己会给他惩戒；他不虐待猫的话，自己愿意提供奖赏，以此来逐渐减少他虐猫的行为；推荐他利用暑假，参加一些以磨砺意志、合作共享为主题的夏令营，提高他的心智和合作能力；在他考上大学后，建议他多看心灵自助的书和诸如《把爱献给人类的邻居》之类的有助于培养爱心、让人善待动物的书；鼓励他多到敬老院、孤儿院做义工等，潜移默化地润泽他的心灵，唤醒他沉睡的爱心和社会良知，修正他被扭曲的人格。

读大学的女儿为何如此花心

一位家庭环境很优越、很正常的80后女大学生令她的妈妈很困惑，不明白女儿为什么总能很轻易地爱上一个人。

车老师：

最近听说这样一件事情：一位家庭环境很优越、很正常的80后女大学生令她的妈妈很困惑，不明白女儿为什么总能很轻易地爱上一个人——因为男同学长得像陆毅一样帅，她便在入学不久主动追人家；分手后，去外语学校补习一个多月，又疯狂迷恋上那儿的男老师；母亲没有办法，又安排她上另一所外语学校，谁知没多久她又喜欢上新学校的男老师……据我所知，她从小到大都很顺利，只是在学习和成长的过程中，大多由母亲陪伴，父亲忙于工作，留给她的时间不是很多。难道这就是人们所说的"父亲影响了女儿择偶观"的事例吗？

因为您身处大学校园，身边的年轻人很多，不知这个例子是不是现在年轻人的常态？您如何看待这种现象？盼复！

晓周

这位80后女孩儿之所以频频地爱上别人，与她成长过程中"父亲不在"导致的"父教缺失"有很大关系，可以看成是"父亲影响了女儿择偶观"的典型事例。

"父亲不在"通常是指父亲死亡、离异、长时间离家出走以及由于工作或缺乏责任而不在孩子身边。"父教缺失"的涵盖面比较广，首先是指在由母亲和孩子组成的单亲家庭中，父亲疏离于孩子的生活与教育；其次，在规模庞大的留守儿童家庭里，父亲为求生计外出务工，父教功能几乎处于缺失状态；此外，即使在完整家庭中，有些父亲因为过于专注事业而忽略了父亲的角色，或者因为不懂得如何扮演父亲的角色而未尽到教养的责任，父爱"近在身边又远在天涯"。

上文中的80后女孩显然属于"父教缺失"的第三种情形，即父亲因为忙于工作，在女儿成长过程中，没能很好地履行教养责任，导致了女儿恋爱交友上的随意与盲目。

关于"父教缺失"对女儿择偶的影响，相关的研究资料很多。比如美国学者马维斯·赫塞林顿通过研究发现，那些只与母亲生活在一起的女孩，面对陌生男性时表现出更高水平的焦虑；来自离婚家庭的女孩更早、更频繁地与男孩约会。哈佛大学的罗斯派克博士则更深入地指出，女孩子社会化的过程往往是父亲影响的结果。父亲对待女儿容易走向两个极端——疏离或鼓励她们的依赖性。疏离的结果使她们更容易产生慕男情结，变成感情随便的"花痴"；而纵容女儿的依赖性，则容易使她们变成没有主见的"牛皮糖"。

上述研究资料揭示了很多女孩频繁约会、感情不稳定的缘由，正是由于女孩子的成长过程中缺乏父亲的爱护与引导，让女孩内心充满焦虑，缺乏安全感和自信心，也缺乏与异性相处的经验，导致在成年后性观念比较混乱，无法把握与异性交往的分寸，在情感的选择中走极端。

其实，"父教缺失"对男孩子的影响更大。父亲是男孩子的启蒙之师，男孩一般通过观察与模仿，从父亲身上习得男性待人接物和处理问题的基本模式，培养自己的"阳刚之气"，形成良好的角色心理认同。因为父亲缺席，男孩子只能潜移默化地跟母亲学。所以，很多由母亲一手带大的男孩子带有明显的女性化倾向，阴柔、懦弱、胆小、遇事缺乏担当等。很多80后的恋人，之所以爱得轰轰烈烈，进入婚姻后婚内生活一团糟，在某种程度上也是"父教缺失"酿造的恶果之一。

在我国，受"男主外，女主内"等传统观念的影响，再加上沉重的生存及竞争压力，很多男性意识不到或者无暇顾及对子女的教育，

"父教缺失"的情形比较严重。父亲是孩子的启蒙之师，是孩子个性品质形成的源泉，是男孩子将来发展自己的男性特征的"楷模"，也是女孩子了解"男人应该如何对待女人"，从而形成正确的婚恋观的渠道。为了儿女的健康成长，父亲应该认真履行人父职责，抽空多陪孩子，努力做孩子真诚而可信赖的朋友，给孩子当好榜样，用充沛的父爱支撑孩子的成长，引领孩子走向幸福人生。

高考结束后，家长该为孩子做什么

　　他把自己关在家里，谁也不见，什么都不想干。他母亲含泪问我，怎么办？怎样才能把他从绝望的深渊里拽出来？

　　某男生在市重点中学读书，成绩在班里属中等水平，班主任根据三次模拟考的结果判定，这位学生考上一本的把握很大，但距离名牌院校尚有距离。父母听了老师的分析后，都觉得他能考上一本就很不错了。

　　没想到，高考结束后，这位考生认为试题一点都不难，自己这次发挥得格外好，对自己信心满满。尤其是对照标准答案对自己的各科试题进行估分后，他拍着胸脯对父母说，自己真的考得很好，估算的原始分是580多，转换成海南的标准分至少在780分以上。真实成绩出来，只会更高，绝对没有问题。

　　他父母查阅以往的录取情况，发现780分以上在海南是足以能被上海同济、天津南开等985重点院校录取的分数，父母信以为真，欣喜若狂，带着他去新马泰十日游，对他有求必应，言听计从，也把他的估分结果昭告亲友，享受大家的羡慕钦佩之情。没想到高考成绩公布后，他仅考了630分，刚上一本线。因为之前的期望值太高，他和父母同时跌入失望的深渊，被痛苦、沮丧和挫败的情绪包围着，别的同学都忙着走亲访友，游山玩水，独他家愁云满布，他把自己关在家里，谁也不见，什么都不想干。他母亲含泪问我，怎么办？怎样才能把他从绝望的深渊里拽出来？

　　这位考生之所以对自己的成绩感到痛苦绝望，与他之前对自己分数估计过高有关。而据一项心理学统计结果，在高考中，能正常发挥的考生只有60%左右，约有20%能"超常发挥"，考出比平时更好的成绩，而"失常发挥"、考不出平时水平的学生也占20%左右。在对成绩的估计上，男生容易把分数估计得偏高，女生容易把成绩估计得偏低，等真实成绩发布之后，估分高而实际得分低的考生更容易被负面情绪侵袭。

因此，首先，在考试结束后，家长最好淡化对孩子成绩的关注，别对孩子旁敲侧击，总问孩子考得好不好，逼他估计分数什么的，以免孩子滋生厌烦焦躁情绪。反正再急也不能提前知道成绩，再问也改变不了考试结果。如果特别想了解估分结果，千万不要只盯着一个点，最好指导孩子进行梯度估分，即最高能考到什么分数，中等或者最差能考到什么分数。并给孩子传递这样一种信息，就是父母知道你对高考竭尽全力了，考出什么样的成绩，我们都接受，都为你高兴，给孩子吃颗定心丸，也避免成绩不如意给孩子带来的心理冲击。

其次，在高考结果揭晓后，就算孩子发挥失常，没达到预期的目标，也要认识到成绩的不可更改性，勇敢地接受它，并且是以积极的心态和思维方式。比如上面这位考生和他的父母，与其悲观绝望，不如换个角度想，我们原本的目标就是一本，比起那些不小心掉到二本的考生来说，我们幸运多了，这样一想，原来的挫败感就会被成功的喜悦取代。

还有，和孩子一起分析分数失常的原因。可从实力、技巧和心态三个方面进行综合分析。像这位考生，他的成绩应该属于正常发挥之列，与班主任预测的能考上一本也吻合，是他自己高估分数，高期望带来的极度失望。鼓励他调整期望值，接受现实的分数，多跟高考落榜、考不上一本的同学比，缓解内心的失落和绝望。

通过三次咨询和家长的积极配合，这位男生紊乱的情绪得到控制，开始与同学正常交往，谋划假期生活，最终高高兴兴背起行囊到外省的一所本科院校就读了。

借助这个案例，我想提醒广大考生的家长，高考结束后，在鼓励孩子适度放松的同时，千万别对孩子放任自流，不管不问，因为据心理专家不完全统计，从高考结束到收到录取通知书这段时间里，60%~70%的高考考生会产生不同程度的焦虑，20%的考生会因为过分焦虑而影响了日常生活。从"估计分数—等待成绩公布—填报志愿—等待录取结果"到"拿到录取结果—奔赴大学报到"，高考结束之后，一系列漫长、焦灼、充满挣扎与困惑的日子以及各种严峻的考验都等在那里。在最初的疯狂和放松之后，考生们会因为成绩没公布而如坐针毡，会因为成绩不理想而焦躁绝望，会因为录取的学校不是最想读的而纠结茫然，亦会因为生活散漫无序而空虚无聊，所有这些都需要家长和孩子在一起共同面对。

家长要努力成为孩子真诚与值得信赖的朋友，以过来人的智慧和经验引领孩子理性估分，积极对待考试结果，填报出适合自己的志愿。关注孩子的心理危机和负性情绪，培养孩子的自管和自理能力，让孩子合理安排假期，不过度地沉溺于网络、游乐、打牌、酗酒中。最好跟孩子商定个每日作息表或每周日程安排表，劳逸结合，张弛有度，满足身心需求，发展兴趣特长，培养家务和自理能力，让高考后的每一天都过得充实而有规律，也为孩子适应大学生活打下坚实的基础。

第四篇　做父母的最高境界

做父母的最高境界

车老师：

我简直被 9 岁的女儿折腾疯了，能帮帮我这个快要崩溃的母亲吗？

女儿平时太贪玩，根本不努力，每次考差了就说下次一定努力，一定要考出好成绩，可是再考依然很差。此外，她的字写得特别潦草，多次挨老师的批评。

我最受不了的是，一有什么要求，她就用和尚念经一样的语气不停地说，批评过多次也不改。她的脾气特别倔强，哭闹起来没完没了。我父亲脾气暴躁，我遗传了这点，小时候父亲瞪我一眼，我的眼泪就下来了。可能跟父亲的教养方式有关吧，我心情不好时，女儿一哭闹，我就忍不住狠狠地打她，打完后自己又很难过。明明是爱她的，却又不停地伤害她，是我心理方面有毛病吗？在她面前，我怎么就克制不住自己的情绪呢？

这次她数学考差了，还对我撒谎。我很难过，不是因为她考差了，而是她居然对我撒谎！

我这两天根本不想理她。我自问是个无不良嗜好的母亲，都 35 岁了，还在不断学习，竞聘副科级领导什么的。9 年多，一直陪着她，生活上无微不至地关心她，学习上一直鼓励她，没想到女儿无论生活习惯还是学习习惯都这么不好，让我觉得自己好失败，也好痛苦。

我该怎么办才好？请您一定帮帮我！

焦灼

读焦灼的邮件，似乎她女儿通身都是缺点。果真如此吗？下面，是我从她的博客中看到的一段话："早 9 点，女儿去学校领了通知书，先报告一下女儿的成绩吧：语文97.5分，数学90分。老师给女儿的评语：你是聪明活泼的孩子。不管是朗读还是回答问题，声音最响亮的是你；你还热心为班级做事。这样的你，老师和同学都喜欢。如果你的作业写得漂亮、工整，老师就更喜欢你了。"

尽管这篇文章写于2年前，但一个在老师眼中聪明活泼、自信热情、成绩也不错的小女孩，不可能一下子就变得一无是处。因为焦灼的博客自这一篇之后再没有更新过，我不知道这两年她的生活发生了什么样的变化，让她对女儿的评价糟糕至此。还有，教育女儿是父母双方的责任，为何她独揽在肩，对孩子的父亲只字不提？但能肯定的是她女儿在学习及生活上的不良习惯与她急功近利，对女儿期望值过高且情绪失控有很大关系。

首先，孩子自我意识水平低，大都根据成人的评价形成自我认知。父母积极的评价可以让孩子信心满满地向着好的方面发展，父母的批评指责容易陷孩子于焦灼无能的境地。

"赏识教育法"的创立人周弘先生说："哪怕天下所有的人都看不起你的孩子，做父母的也要眼含热泪地欣赏他、拥抱他、赞美他，每个孩子的生命都是为了得到父母的赏识来到人间，你的孩子是世界上最美好的。"利用这种理念，他成功地将双耳失聪的女儿周婷婷培养成一名留美研究生。而焦灼眼中的女儿几乎没有优点，她甚至通过不理不睬和暴力打骂的手段发泄对女儿的不满。女儿从母亲那里接收到太多的负面信息，容易为自己贴上"坏女孩"的标签，从而变得自卑、焦躁、逆反且自弃。

其次，母亲是孩子的榜样，其言行潜移默化地影响着孩子性格的养成。母亲的教养方式和孩子的行为反应是一一对应的，比如：

焦灼性情暴躁——女儿性格倔强

焦灼太看重成绩——女儿考试考差了，不敢直言相告

焦灼在生活上无微不至地关心女儿——女儿生活习惯差

焦灼克制不住情绪——女儿想要什么就不停地说，不停地哭闹

再者，由于两性脑的优势发展存在差异，很多女性擅长文科，对

自然学科的悟性相对弱些，比如三毛、席慕容等学生时代数学很糟，但文学艺术方面的才华让人羡慕。何况，在小学阶段数学 90 分已经很好了。

此外，女孩子的自尊心娇嫩敏感，需要母亲的特别呵护。焦灼曾说："小时候父亲瞪我一眼，我的眼泪就下来了！"那么，当她情绪失控，狠狠地打女儿时，会带给女儿什么样的挫败感，会让女儿的内心承受何等痛苦就可想而知了。

为避免对孩子的进一步伤害，建议焦灼提高情绪自控力，在任何情况下，都坚决不碰女儿一指头，微笑着满足孩子的合理要求；调整对女儿的期望值，静下心来，多发现孩子的优点，通过恰如其分的赞美和鼓励，修补孩子被损伤的自尊心，努力改善同女儿的关系。

在此基础上，特别推荐她看一看周国平所著的《宝贝，宝贝》一书。在此书中，周国平说："做孩子的朋友，孩子也肯把自己当作朋友，乃是做父母的最高境界。"他还指出："朋友式的关系有两个显著特征，一是独立，二是平等。"

我理解的独立就是把孩子当成一个有生命尊严的个体，尊重她，信任她，鼓励她自己的事情自己做，让她欣喜地发现自己的长处和潜能。平等就是把孩子当作和自己一样有着独立人格的人，遇事多和孩子商量，悉心听取孩子的意见，不把自己的意愿强加给孩子，不盲目干涉规划孩子的人生。

如果焦灼能汲取这本书的精彩观点，如果焦灼不单纯从成绩的角度评价女儿，如果焦灼不再一厢情愿地"打造"女儿，如果焦灼肯蹲下来跟女儿平等对话，如果焦灼像爱护眼睛一样爱护女儿的自尊，如果焦灼能给孩子一个和谐稳定、充满尊重、充满自主的成长空间，创造一种宁静愉快的家庭气氛，相信，她会享受到甜美融洽的母女关系，也会欣喜地发现女儿身上蕴含的优秀与精彩。

林妙可多才又多艺的心理原因

目前，这个未满10岁（1999年生）的女孩声乐4级，
舞蹈3级，既擅长民族舞、钢琴、长笛，还擅长唱歌和表演，
曾多次获得北京市各类艺术节的一等奖。

下面我提到的这两个人物，都是家喻户晓、被媒体和公众广为关注的，她们目前依然在各自的轨道上继续着自己真实的人生。这两个人物原本不太具有可比性，还是忍不住把她们放在一起，促使我进行这种对比的是她们9岁时天差地别的人生际遇。由于带给我太强烈的震撼，让我忍不住在众多关于她们的报道资料中，将目光牢牢锁定在0~9岁这个特定的年龄段。

一、猪孩王显凤的9岁

她叫王显凤，1974年12月出生于辽宁省台安县某农村。其母5岁时因患大脑炎导致重度智残，不会照顾刚出生的女儿。其父是继父，对王显凤漠不关心。她家住在村子的最南端，加上父母心理异常，村民很少与他们来往。

王显凤的家以养猪为业，土房前并排修了三个猪圈。猪圈与住房无隔栏，猪可以随时进房上炕。长期和猪生活在一起的王显凤就与猪为伴，吃猪奶、学猪爬、抢猪食、啃猪草，和猪挤在一起睡觉，在树干或墙角上蹭痒，像猪那样哼哼和甩头，随时随地便溺……

1983年4月，乡村教师王允林出门办事，路过村后的树林时，发现了衣衫破烂，蓬头垢面，夹在猪群里和小猪们一起挤在母猪身边抢吃猪奶的她，马上写信给中国医科大学报告了这一情况。中国医科大

学立即组织了由 9 位心理学和儿科学的教授专家参加的"猪孩"考察小组，驱车 200 公里赶往这个偏僻的农村，从猪圈里把满身污垢、屎尿一裤、浑身散发难闻臭气的女孩儿拉了出来。

在中国医科大学，专家们为王显凤做了细致全面的身体检查、心理测查等。检查结果表明，"猪孩"的身体发育多项指标均在正常范围内，但大都接近低值，染色体 46XX 正常核型；先天代谢性疾病筛查全部阴性。心理学检查结果却明显异常：9 岁的王显凤不辨男女，不识颜色，不分大小，不懂高低，词汇极为贫乏，情绪极不稳定，多见哭、笑和恐惧，无羞耻感，不懂礼貌，孤独冷漠，不与人交往，智商测试为 39，是比较典型的智残儿童。

二、奥运女孩林妙可的 9 岁

她出生于 1999 年 7 月，爷爷是著名的国画家，奶奶喜唱京剧和写作。伯伯也是搞书法的，父亲以前学画，后来改行做了摄影，现供职于《法制晚报》。在这样一个充满艺术氛围的家庭里，她天生就表现出对文艺的兴趣和悟性。本来父母想让她继承"家族传统"，从小学书画，看她对此没什么耐性和兴趣，而是对电视上的歌舞很有感觉，就顺其自然，让她去学习唱歌和跳舞。

目前，这个未满 10 岁的女孩声乐 4 级，舞蹈 3 级，既擅长民族舞、钢琴、长笛，还擅长唱歌和表演。曾多次获得北京市各类艺术节的一等奖。既代言多个广告，参与大型晚会和影视剧的演出，还保持着对学习的浓厚兴趣，是人见人爱、炙手可热的小童星。

她就是在 2008 年北京奥运会开幕式上，凭借娇俏可爱的模样，以一曲《歌唱祖国》进入公众视野的奥运女孩林妙可，2008 年成名时的她恰好 9 岁。

同样都是 9 岁的女孩，一个是智力残障、人面猪习，经过专家组成的课题组成员近十年的教育和训练，也只是掌握一些粗浅的技能，在农村过一份普通农妇的日子；另一个则聪颖美丽，活泼开朗，多才多艺，是受到众多粉丝追捧和媒体宠爱，星途灿烂的小天使。

是什么原因造就了这两个女孩截然不同的人生际遇呢？我觉得除

了遗传、机遇之外，最重要的是家庭和父母的素质，是父母早期对待孩子的教养方式。

王显凤母亲重度智残，继父冷漠无情，早期亲情的缺失，恶劣的生存环境，让她被迫与猪为伍。所以，她习得了猪性，却错失语言和智力发展的关键期。尽管专家组成员自9岁那年开始对她投入大量心血，让她在幼儿园、小学和弱智学校接受系统的教育和训练，甚至让她在全国模范教师姜玉香三代同堂的"五好"之家里生活五年，满足她对家和亲情的需求。但所有的努力依然无法让她的语言能力达到正常人的标准，也无法彻底扭转她终生都是智残者的残酷现实。幸运的是，他们的不懈努力复苏了她的人性，让她善良、爱干净，能做一些简单手工，能在农村结婚生子，过一份平淡而不失温馨的小日子。

林妙可出生在书画世家，有一对高素质又充满爱心和智慧的父母，他们爱她，尊重她，用充满理性和民主的方式培养她。妙可的妈妈把两岁半的她送到幼儿园，曾因老师太宠爱她而给她转园，理由是不想让她比别的孩子特殊。

林妙可在其新浪博客（其妙可居）中写道："我是个爱笑的小姑娘，从小就在镜头下长大，爸爸的镜头没有离开过我，不经意间我抢了许多人的镜头，那不是我故意的，因为镜头下的我永远是开心、快乐的。

"妈妈常对我说，对于周围的小朋友要学会发现他们身上的优秀的一面，如果你能发现了，实际上你就可以不断地把他人的优秀的一面变换给了自己。哪怕是一点，可是和你一起的小朋友可多了，那将是多大的财富。"

从她充满感情的表述中，不难发现，正是父母的爱心与智慧，民主而因势利导的教养方式，让林妙可无拘无束，身心舒畅地追逐自己的艺术梦想，呈现出良好的发展势头。

我想借此文提醒天下为人父母者，孩子个性形成的关键期是生命的早期，家庭是滋养孩子心灵最重要的土壤，父母是对孩子个性及人生影响最大的人，在某种程度上，父母掌握着孩子的命运和未来，决定着孩子日后所能达到的高度及生活品质。

为了孩子，让我们努力提升自己，尽量与家人和睦相处，努力为孩子打造一个温暖而充满欢声笑语的家。让我们用平和而充满智慧的心去滋养孩子，为孩子奠定健康而明朗的人格底色，用尊重、赏识及理解，引领孩子快乐前行！

杨沫为什么"不母爱"

杨沫是一位优秀的作家，但绝非一位称职的母亲。从老鬼文章中罗列的大量事实来看，她是一位对孩子很冷酷，也缺乏母爱的母亲。

杨沫是我非常喜欢的女作家，她的《青春之歌》曾经令我如醉如痴、百读不厌。她儿子老鬼创作的《血色黄昏》也是被我珍藏在书架上、常读常新的一部作品。当我从《血色黄昏》中知道杨沫是老鬼的母亲时，我想当然地认为是杨沫这位出色的母亲，用母爱和良好的教育激发了儿子潜在的文学才华。

直到最近，我读到老鬼用心写就的《母亲杨沫》这部书，才知道自己最初的判断是完全错误的。杨沫是一位优秀的作家，但绝非一位称职的母亲。从老鬼文章中罗列的大量事实来看，她是一位对孩子很冷酷，也缺乏母爱的母亲。对此，老鬼的定论是"不母爱"，她的"不母爱"可以通过很多细小的事情表现出来。比如因为杨沫重视工作，嫌麻烦，不情愿奶孩子，五个孩子中有四个是找别人带的。到要生老鬼时，她决定打胎，却因手续问题没有打成，只好在阜平生下他。又很快地把刚生下的老鬼送回老家，找人喂奶。其实，老鬼出生时，环境明显改善，她完全可以自己带，因为把孩子当作累赘，骨子里对孩子情感冷漠，她才做出这种令人难以置信的选择。

再比如，老鬼6岁时患了肠粘连，肚子疼，疼得满地打滚，吃什么吐什么。杨沫认为是虫子病，一直没当回事。保姆看他痛得难受，吃药也不管用，再三向她报告，她都无动于衷，继续把他扔在东屋，任其疼得呻吟。几天过去，老鬼已奄奄一息，眼看要不行了，她才让他哥哥带着去看病。医生检查之后马上动手术，后来对家人说，孩子的肠子都黑了，胀得快要破裂，再晚就没救了……

动完肠粘连的大手术后，老鬼肚上的伤口剩下一窟窿，迟迟不愈合，出院继续在家养病。一天因为点蜡烛玩火，烧着了窗户纸，窗户冒起了浓烟和火苗。他知道惹了大祸，怕挨打，躲到厨房。杨沫冲过来把火扑灭后，拿着鸡毛掸子连吼带骂，把他抽倒在地上。

对一个刚动完手术，腹部伤口还未痊愈，还缠着绷带的弱小孩子这么毒打，让老鬼的心灵受到极大伤害，终生难忘。所以他才发出这样的感慨："对孩子来说，要母亲就要有母爱的母亲。不管孩子，再有名气，再有钱的母亲也别要。"

我一直觉得，爱孩子是母亲的天性。很少有母亲看到自己的孩子被病痛折磨得死去活来时，能够无动于衷。就像我，儿子患感冒，我都有一种天塌地陷的感觉，恨不得替他病、替他痛。所以，我无法理解杨沫对自己的孩子何以会那么冷酷无情，这真的不像是一位母亲的作为。这段文字让我震惊得无以复加，就特别关注杨沫"不母爱"的原因。

在这点上，我特别尊重老鬼，他既不讳言母过，又以成熟的心态，精辟的文字，全面地分析让杨沫"不母爱"的原因，在心理上达成对母亲的谅解。在老鬼看来，造成杨沫"不母爱"的原因是多方面的，但最重要的是与她童年时的遭遇有关系。

杨沫生在一个破碎的家庭，童年很苦。她的父母感情破裂，各自寻欢作乐，不管孩子。她从生下后，就缺少母爱与父爱，老挨打。在这个冷酷环境里，潜意识中她也深受她父母的影响，不大管孩子，对孩子的事漠不关心。杨沫的母亲醉心于打牌串门，很少理她，她不得不跟街上捡煤核的孩子玩，可能受此影响，她自己也很少陪孩子玩。杨沫年轻时，因反对包办婚姻，让她母亲非常气愤，曾与她断绝关系，停止供给生活费，这对她的伤害是终生的。她也变得不重亲情，与老鬼的舅舅、叔叔、姑姑等亲戚的关系都相当疏远，极少来往。与自己的孩子也动不动就断绝关系。

所以，心智成熟的老鬼为杨沫说了一句公道话，如果杨沫的父母很爱她，很关心她，她绝不会这个样子。母爱能传染，"不母爱"也能传染。因为没有从父母那里得到爱，杨沫才丧失了爱自己孩子的能力。是杨沫父母对孩子的态度潜移默化教给了她"自己第一，孩子第二"的观念。

值得欣慰的是在杨沫的晚年，她与既正直又纯净的李蕴昌老人结婚，在这样一个特别看重亲情的老伴儿的熏陶下，潜在的母爱苏醒，使得老鬼重又感到了母亲的温暖和慈爱。在替老鬼感到高兴的同时，我特别赞同他那句话：母爱能传染，"不母爱"也能传染。衷心希望天下的父母都能爱自己的孩子，只有沐浴着爱长大的孩子才有能力爱别人，人类的爱才能因此延续下去，绵绵不绝。

虎妈不能代表中国母亲

目前虎妈的书让周围的妈妈们议论纷纷，想必您已有所耳闻。我想就 push（推）孩子进步这个问题听听您的想法。

车老师：

我生活在加拿大，目前虎妈的书让周围的妈妈们议论纷纷，想必您已有所耳闻。我想就 push（推）孩子进步这个问题听听您的想法。

现在，我周围的中国父母还是尽全力在推。有一个例子：我朋友的男孩子大概 7 岁多，游泳学得不错，就是不敢跳水。妈妈强迫了几次都不行，就说："你再不敢，我就不认你这个儿子。"游泳后去吃饭，告诉服务生禁止她儿子进门，直到儿子同意再回去试。在逼迫下，儿子终于敢跳了，当他成功跳下水后，开心极了。妈妈觉得自己非常正确，不这么逼迫他，他几时能够感受到成功的喜悦呢？

我认为这样 push 是有害的，但她以儿子的开心反应来反驳我，认为孩子是会感激她的。她的观点是："人哪能一遇到困难就退缩？我不这么逼他一把，他跃不过去这个坎，怎么体会到成功的喜悦？将来又怎能干成大事呢？"她说得貌似有点道理，但我总觉得不大对头。

这样的例子身边比比皆是，尤其是在让孩子学钢琴上，所有的儿童心理学书都指出这样是有害的，但孩子在抵抗无效、不得不屈从于父母的威胁后，的确也体会到了努力后的成就感和喜悦。难道这只是表面上的喜悦，而把委屈和愤怒转移了？从长远来看，这样做到底好不好？很困惑。

希望您就此事谈谈自己的看法。谢谢！

Minwang

说实话，收到 Minwang 女士的邮件之前，我对虎妈一无所知，但对文中提到的朋友"push 孩子跳水"的做法绝不敢苟同，因为这里潜藏着很多隐患，稍不小心就会引发不良后果。比如，孩子性格叛逆，被服务生挡在门口后，扭头就走并玩失踪怎么办？因能力及年龄局限，强行跳水时受伤致残怎么办？被妈妈威胁恐吓后，患上恐高症和恐水症并与妈妈情感疏离怎么办？

无视孩子的能力和感受，盲目推进是残酷又冒险的做法，略有差池，都足以让母亲悔恨终生，对孩子长远的发展当然不利。因为这种极端做法与"虎妈"有关，为表慎重，我还是上网搜索了有关虎妈的资料，一搜才知道自己的孤陋寡闻。原来虎妈是轰动美国，引起中美教子观争议的热点人物，在网上早已炒得沸沸扬扬。下面是我从百度中检索到的一段资料：

"虎妈，美国耶鲁大学的华裔教授。原名蔡美儿，近日她出版了一本名叫《虎妈战歌》的书，在美国引起轰动。该书介绍了她如何以中国式教育方法管教两个女儿，她骂女儿垃圾、要求每科成绩拿 A、不准看电视、琴练不好就不准吃饭等。虎妈的教育方法轰动了美国教育界，并引起美国关于中美教育方法的大讨论……如今讨论随着《时代》周刊的参与几乎达到了一个高潮。虎妈的故事登上了最新一期《时代》周刊封面。"

从相关报道中我还了解到，蔡美儿之所以自称"虎妈"，不是因为女儿叫虎，而是蔡美儿属虎，她认为"虎"代表着力量和权力。虎妈指出了中国父母得以"成功"的三大特质：不理会孩子的自尊心，认定孩子必须孝顺父母；坚信小孩子不懂事，需要父母指引；对两个女儿提出了严苛至极的十大"家规"并宣称自己代表了广义上的华人家教方式。

我在线阅读了她的十大"家规"和教女心得，觉得她所谓的"战歌"不过就是"棍棒底下出孝子"的翻版，是被教育心理学界早已否决的"专制型"教养方式的再现。这种方式既不科学也不人道，尤其是那种"遇到问题时一定用妈妈的意志去斗垮孩子的胆量和反抗"的蛮霸让我毛骨悚然，难怪洪晃会斥之为"地狱老母"。

其实，专制严苛并不适用于所有的孩子，也不是任何情形下都有效的，不考虑孩子的兴趣特长和身心发育的水平，盲目地靠极端的"惩罚""辱骂"方式来推进孩子的成长，很容易扭曲孩子的人格，甚至引发家庭悲剧。2000年1月17日浙江金华发生的震惊社会的"徐力杀母"案就是一个典型。

虎妈的教女经跟徐母可谓是异曲同工，她之所以避免了徐母的悲剧性命运，我猜原因可能有三：

第一，她有一双女儿，这对姐妹在相互的鼓励、竞争和扶持中，抵消了虎妈的部分伤害。

第二，美国的学校教育宽松、民主，注重培养学生的独立性和创造性，这种教育给她的女儿们以缓冲的空间，也增大了她们的心理承受力。

第三，也是最重要的一点，是虎妈所强调的："我这种教育方式如果运用得当，绝对可以成功。所谓运用得当，是指父母必须用爱心了解和参与，配合对子女的高度期望。这是父母教我的，我也希望传授给女儿。"

问题是，不是所有的母亲都能运用得当的，尤其是中国的孩子，早已被繁重的学业和残酷的升学竞争压得透不过气来，假如考不了满分就被父母骂成是垃圾，弹不好钢琴就不许吃饭，估计半数以上的孩子都会被父母整崩溃，"徐力杀母"式的惨剧也将层出不穷。

因此，虎妈严苛的教女经是根植于美国土壤，将多数中国知性母亲早已摒弃的陈旧落后的教子观与美国文化融合后侥幸有点成效的一个特例，对于海外华人家庭也许有点借鉴作用，但绝不能代表中国母亲，也不适用于中国家庭。

谁说孩子有奶便是娘

这个实验说明：相比于冰冷的奶水，孩子更需要的是温暖而贴心的母爱，"孩子未必有奶就是娘"。

"有奶便是娘"是一句带有贬义的俗语，意思是："谁有奶水用来喂养，就认谁做娘。比喻贪利忘义，谁给好处就投靠谁。"人们在引用这句话时，大都喜欢为其加个主语——"孩子"，认为"孩子有奶便是娘"。孩子真的有奶便是娘吗？从教育心理学的角度来看，这句话颇值得推敲。

一、有奶未必就是娘

美国心理学家哈里·哈洛曾经做过一个著名的"恒河猴代母实验"，内容如下：哈洛用铁丝做了一个代母，它胸前有一个可以提供奶水的装置；然后，哈洛又用绒布做了一个代母。他写道："一个是柔软、温暖的母亲，一个是有着无限耐心、可以 24 小时提供奶水的母亲。"哈洛把出生不久的幼恒河猴和两个代母关在笼子里。很快，令人惊讶的事情发生了。在几天之内，猴宝宝把对猴妈妈的依恋转向了用绒布做成的那个代母。由于绒布代母不能提供奶水，猴宝宝只在饥饿时，才到铁丝代母那里喝几口奶水，然后又跑回来紧紧抱住绒布代母。而且幼恒河猴在遭到不熟悉的物体，如一只木制的大蜘蛛的威胁时，会跑到"绒布母猴"身边并紧紧抱住它，似乎"绒布母猴"会给幼猴更多的安全感。

如果真的"有奶便是娘"，猴宝宝更依恋更亲近的应该是为它提供奶水的铁丝代母，事实上，它对绒布代母的依赖远远超过铁丝代母。

因为恒河猴94%的基因与人类相同，由猴及人，这个实验说明：相比于冰冷的奶水，孩子更需要的是温暖而贴心的母爱，"孩子未必有奶就是娘"。

二、"娘"的三种类型

恒河猴的实验提醒我们，对于孩子而言，有情有爱有温暖才是娘。照此标准，在孩子成长过程中，"娘"并不是唯一的、不可替代的角色。当生身之母无法很好地履行母亲职责时，孩子就会寻求代母，并将对母亲的依恋之情转移到代母身上，据此，"娘"的类型可以扩大为三种：

（一）生理之母——孩子的生命之源

生理之母是指生物学意义上的母亲，即那个怀胎十月，给孩子以生命实体的女性。她的生育之恩是无法取代的，孩子必须经由她才能来到世间，她和孩子之前的血缘亲情也是难以割舍的。但现实生活中，相当一部分母亲对孩子只重生不重养，或者碍于工作和种种理由，生下孩子之后，就将他丢给保姆，丢给爷爷、奶奶或外公、外婆照顾，几年见不了孩子一面，对孩子情感疏离；或者因为心智匮乏，人格畸形，视孩子为累赘，对孩子粗暴打骂，让孩子心灵扭曲，情感饥饿，有母不如无母。

如一位匿名网友在我博文下的跟帖："从我有记忆起，母亲一直游手好闲，对我随意打骂，从7岁起该母亲应做的家务活，都是我做。在我16岁时，因为一件小事没听她的，她刻薄辱骂甚至剥掉我的衣服，我彻底爆发了，和她打了一架，自杀！没死成，但一个强烈的愿望就是离开这个家，永不回来！现在我至不惑之年，她也老了，偶尔走动，我自认不是薄情的人，可内心对她冷漠，没有丝毫情感。我给自己起个名字：幸福从来靠自己。"诸如此类的生理之母，带给孩子的是纠结一生的心理伤痛，是玷污了"母亲"这个神圣字眼，不配为人母的。

（二）心灵之母——孩子的情感之泉

诗人艾青在他的诗作《大堰河——我的保姆》中，曾无限深情地写道：

大堰河，

我是吃了你的奶而长大了的

你的儿子，

我敬你

爱你！

诗中的大堰河是艾青的保姆，也是我所说的心灵之母。她对艾青没有生育之功，却用甘甜的乳汁和暖暖的爱意滋养着艾青。在艾青心目中，大堰河才是他敬慕的母亲，而他只是"生我的父母家里的新客"，在亲生父母面前"是这般忸怩不安"。艾青对保姆的深情和对自己父母的疏离说明"孩子谁带跟谁亲"，被保姆或者祖辈用心带大的孩子，母亲对他而言只是个生理意义上的存在，保姆或者祖辈才是他的心灵之母，让他充满眷恋，满含不舍。

生活中此类例子举不胜举，一位女子曾发帖对我说的，她自小跟着外婆长大，到初中时才被接到父母身边。她和外婆感情深厚，无话不谈，外婆过世时，她觉得天塌地陷，哭晕了几次。但对亲生母亲始终小心翼翼，彬彬有礼，比对陌生人还客气。为了逃避这种僵硬的母女关系，她选择了远嫁。

一个个鲜活的例子告诉我们，当年轻的母亲为了贪图省事，为了保持身材，为了工作等理由对孩子"大撒把"，完全假手他人时，其实，她也在无形中失却了亲密无间的母子情，极有可能和孩子终身保持情感隔阂，甚至形同陌路。身为母亲却无法享受母子间亲密无间的天伦之乐，这是何等的悲哀与遗憾？

（三）真爱之母——孩子身心向往的家园

英国诗人乔治·赫伯特说："一位好母亲抵得上一百个教师。"纪伯伦认为："人的嘴唇所能发出的最甜美的字眼，就是母亲，最美好的呼唤，就是'妈妈'。"大文豪雨果更是深情地写道："慈母的胳膊是慈爱构成的，孩子睡在里面怎能不甜？"

在我看来，被这些文人墨客由衷赞美和倍加推崇的母亲，指的是"真爱之母"，即把生理之母与心灵之母完美结合起来的母亲，她既赋予孩子生命，又赋予孩子充沛的情感。这种真爱之母是人类心灵的家园，是每个孩子内心最深的呼唤与期待。

有幸拥有"真爱之母"的人是幸运而又幸福的人，因为享受到母亲无私的爱护与照顾，他自信而明媚，开朗而乐观，更容易感受到生之华美与灿烂，更有能力自爱与爱人，尽情享受高品质的人生。

如果你是母亲，希望看到孩子快乐健康地成长，就请把乳房交给孩子，把真挚的母爱与无私的关怀奉献给孩子，做一个称职而完整的"真爱之母"，用母爱的光辉照亮孩子成长的路。

三大校园惨案给家长的警示

　　爱与宽容，尊重与友善才是人类走出阴霾、远离仇恨、避免悲剧重演的出路。

惨案一：震惊全国的马加爵事件

　　事件回顾：马加爵，云南大学生化学院生物技术专业 2000 级学生，2004 年 2 月，已经是大四学生的马加爵因打牌与同学发生口角，2 月 13 日晚杀一人，2 月 14 日晚杀一人，2 月 15 日再杀两人，被杀的都是他的大学同学，后从昆明火车站出逃。2004 年 3 月 15 日被公安部列 A 级通缉犯，2004 年 6 月 17 日他被执行死刑。

　　警方对马加爵进行审讯时，马加爵供出杀人的原因，用他的原话来说，就是"我觉得我太失败了""我觉得他们看不起我"和"他们都说我很怪，把我的一些生活习惯、生活方式甚至是一些隐私都说给别人听，让我感觉是完全暴露在别人眼里，别人都在嘲笑我"。

　　在执行死刑前接受记者采访时，马加爵有两段话更是发人深省，一是："那段时间每天都在恨。必须要做这些事，才能泄恨，至于后果是什么，没去想。"二是："大学生不是'天之骄子'。以前我认为是，现在很多大学生不配'天之骄子'的称呼。确实，他们可能比平民百姓知识水平高，但他们还有更多更大的空间没有抓住，没有去珍惜。希望每个人都过得充实一点，有所追求。"

　　为揭开"马加爵何以成为杀人凶手"的谜底，犯罪心理学教授李玫瑾奔赴云南，对此案进行了全面调查，还专门为马加爵设计了心理问卷，做了心理测试，之后写出了上万字的《马加爵犯罪心理分析报告》。报告指出，真正决定马加爵犯罪的心理问题，是他强烈、压抑的情绪特点，是他扭曲的人生观，还有"自我中心"的性格缺陷。

惨案二：轰动中美的卢刚事件

事件回顾：卢刚，生于北京市，18 岁考入北京大学物理系，1984 年通过 CUSPEA 考试，1985 年本科毕业后进入爱荷华大学物理与天文学系攻读研究生，1991 年通过答辩获得博士学位。获博士学位不久，于 1991 年 11 月 1 日开枪射杀了这所学校的 3 位教授、1 位和他同时获得博士学位的中国留学生山林华以及这所学校的副校长安妮·克黎利。之后，卢刚自杀身亡。

卢刚在给二姐的遗书中写道："我早就有这个意思了，但我一直忍耐到我拿到博士学位，你自己不要过于悲伤，至少我找到几个垫背的人给我陪葬。"

华裔知名女作家聂华苓说，凶手卢刚与受害人山林华都来过她家做客。卢刚学习成绩优秀，但性格孤僻，没有朋友，这次血案是一次有计划有预谋的行动，非常可怕。聂华苓估计，卢刚可能从小就得宠，成长过程一帆风顺，没有遇到过什么挫折。来美国深造后，卢刚由于性格因素没有山林华人缘那么好，加上这次最佳论文奖为山林华夺得，他因而产生杀机。

在枪击事件发生后的第 3 天，安妮·克黎利的 3 位兄弟在极其悲痛的情况下，以极大的爱心宣读了一封致卢刚家人的信："当我们在悲伤和回忆中相聚一起的时候，也想到了你们一家人，并为你们祈祷，因为这个周末你们肯定是十分悲痛和震惊的。

"安妮·克黎利最相信爱和宽恕。我们在你们悲痛时写这封信，为的是要分担你们的悲伤，也盼你们和我们一起祈祷彼此相爱。

"在这痛苦的时候，安妮·克黎利是会希望我们大家的心都充满同情、宽容和爱的。我们知道，在此时比我们更感悲痛的，只有你们一家。请你们理解，我们愿和你们共同承受这悲伤。这样，我们就能一起从中得到安慰和支持。安妮·克黎利也会这样希望的。"

3 位兄弟还捐出一笔资金，宣布成立安妮·克黎利博士国际学生心理学奖学金基金会，用以安慰和促进外国学生的心智健康，减少这类悲剧的发生。

惨案三：美国历史上最严重的恶性校园枪击案

事件始末：2007 年 4 月 16 日当地时间 7 点 15 分，美国弗吉尼亚理工大学发生了美国历史上最严重的恶性校园枪击案，枪击造成 32 人当场死亡，枪手本人亦饮弹自尽。整个案件包括行凶枪手在内，共有 33 人死亡。死亡名单中有弗吉尼亚理工大学的教授、教师、在读博士生和本科生。枪击案犯为 23 岁的韩籍青年赵承熙，他 1992 年 9 月 2 日从底特律首次进入美国，上一次更新绿卡的时间是在 2003 年 10 月 27 日，案发时仍然保留韩国国籍。

与赵相识多年的人都说，赵承熙不管是愤怒、沮丧或是心烦，都从来没有任何表情。他通常都轻声说话，并且完全拒绝对老师和同学敞开心扉。弗吉尼亚理工大学发言人拉里·辛克尔说，赵承熙是个"独来独往的人"，学校很难找到关于他的信息。

同学保罗·金说："他从来不说一句话，即使教授问问题，也不说话。他看起来总是身体和精神都很差，好像他很压抑一样。"心理学家纷纷对此发表评论，倾向性的意见认为，赵承熙性格孤僻、心理扭曲是导致这起枪击案的主要原因。美国总统布什发表的每周电台致词中，承认"枪手是一个精神严重受困扰的年轻人""我们的社会继续在如何处理精神病患的问题上挣扎。这些病患可能对自己及他人构成威胁"。

据韩国报纸报道，4 月 21 日，学校中心广场展开悼念活动，人们摆放了 33 块花岗岩，分别代表在这场悲剧中死去的 33 个人，其中代表赵承熙的那块排在第四位。遇难者悼念仪式上，敲响了 33 声丧钟，其中包括 32 名遇难者和凶手赵承熙。放飞到空中的气球也是 33 个。

赵承熙的悼念碑和其他悼念碑一样，在剪成"VT(弗吉尼亚理工大学的缩写)"模样的橘黄色彩纸上写着"2007年4月16日赵承熙"。旁边放着玫瑰、百合、康乃馨等鲜花和紫色蜡烛。在这些鲜花中放着一张便笺，上面写着："希望你知道我并没有太生你的气，不憎恨你。你没有得到任何帮助和安慰，对此我感到非常心痛。所有的爱都包含在这里。劳拉。"

3年级学生雷切尔说："他虽然很可恶，但他的家人真是可怜。"

研究生克里斯·车巴克说："他也是我们学校的学生，一共有33名学生死亡。我们应该公平地为所有人的死亡哀悼。"

……

作为一名家长和教师，认真审视和反思这些轰动一时的惨案，我得出的结论是：

1. 孩子考上重点大学或者读研读博，并不意味着他从此就前途似锦、幸福无边。假如他没有开阔的心胸、高度的责任感与自控力、自爱与爱人之心，在遭遇挫折与创伤时很容易迁怒于无辜、冲动犯罪，将他人和自己一同毁灭。

2. 即使我们的孩子很优秀、懂事，但如果他只是独善其身，对周围同学的精神状态缺乏关注、极度漠视，而他身边恰恰就潜伏着赵承熙、卢刚、马加爵之类精神压抑、人格扭曲的学生。很可能，在阳光下，在教室里，在他们专心致志学习时，就会成为别人泄愤的替罪羊，连哼都来不及哼一声就丧失了宝贵的生命。

3. 人要想好好地活着，享受高品质的人生，单靠"自己好"或者"要求别人好"是不行的。只有努力自爱与爱人，共同营造一种充满和谐，充满友善与宽容的环境，置身于"我好，你好，他也好，我们大家都要好"的温暖氛围中，才能更安全、更有保障地活着。

1979年，德兰修女获诺贝尔和平奖时，讲了这样几句话：

饥饿并不单指没有食物，而是指爱心的渴求；
赤身、寒冷并不单指没有衣服，而是指人的尊严受到剥夺；
无家可归并不单指要一栖身之所，而是指受到排斥和遗弃。

让我们记住这几句话，从小到大，持续地、不遗余力地设法教会孩子下面三件事：

第一，爱自己，也爱别人；

第二，尊重自己，也尊重别人；

第三，善待自己，也善待别人。

因为爱与宽容，尊重与友善才是人类走出阴霾，远离仇恨，避免悲剧重演的出路。

由"我的爸爸是警察"想到的

也许，把"我的爸爸是警察"和"我的爸爸是李刚"相提并论，会让人觉得小题大做，事实上，这两句话异曲同工，折射出的是某些有特权的家长们不注重自身言行，在孩子面前夸大自己的职业权威，炫耀自己的优越感而对孩子产生的不良影响。

前几天，有位家长打电话给我，说她在南方一所大学供职，儿子皓皓7岁，在某小学读2年级。之前，皓皓一直活泼可爱，也很喜欢上学读书，最近几天却哭闹着死活都不肯去学校。她问理由，皓皓说害怕，怕去学校后被警察叔叔抓走。

原来，皓皓所在的班级有位同学的父亲是警察，那个孩子觉得自己很了不起，也很霸道，每每跟班上同学发生了冲突，就威胁大家说："我爸爸是警察，敢不听我的，我就让我爸爸把你们抓走。"

几天前，皓皓和几个同学在课间游戏时，不小心把那位警察的儿子撞倒了，皓皓知道自己惹祸了，慌忙扶起他，给他道歉，那个孩子却不依不饶，不仅当众打了皓皓一个耳光，还扬言说："敢撞我，我爸爸是警察，我明天让我爸爸把你抓起来，把你爸爸妈妈都抓起来。"

也就是从那天开始，无论怎么劝，皓皓再也没去过学校，一直说怕去学校后，爸爸妈妈和自己都被警察抓走。皓皓的母亲跟班主任联系，班主任亲自上门安抚并劝说也无济于事，于是，她打电话向我求助。

我给这位家长的建议是：解铃还须系铃人，最好找到那位警察家长，跟他好好聊聊，把皓皓的现状和恐惧感告诉他，让他穿便装，以朋友的姿态去皓皓家，告诉皓皓，他是警察，但绝对无权随意抓人，更不会无辜抓走皓皓和他的父母，让皓皓不要担心。若那位警察通过和颜悦色地交流，取得皓皓的信任后，能帮助自己的孩子认识到错误，主动登门对皓皓道歉，使得两个孩子成为好朋友，问题也许能够很好解决。

当然，那位家长是否采纳我的建议，警察家长是否肯配合，皓皓的心结是否真的就此打开，目前我还不敢下定论。

由"我的爸爸是警察"突然想起几年前轰动一时的"我的爸爸是李刚"事件。据资料，保定市某公安分局副局长李刚的儿子李启铭2010年10月16日晚，驾驶一辆黑色大众迈腾轿车在河北大学校区内撞倒两名女生，一死一伤，非但没有停车，反而继续去校内宿舍楼送女友。返回途中被学生和保安拦下，他不但没有关心伤者，甚至态度冷漠嚣张，高喊："有本事你们告去，我爸是李刚！"此事迅速成为网友和媒体热议的焦点，"我爸是李刚"也迅速成为2010年网络最火的流行语。

也许，把"我的爸爸是警察"和"我的爸爸是李刚"相提并论，会让人觉得小题大做，事实上，这两句话异曲同工，折射出的是某些有特权的家长们不注重自身言行，在孩子面前夸大自己的职业权威，炫耀自己的优越感而对孩子产生的不良影响。就好比这位警察父亲，或许他只是用玩笑的口吻对儿子说过，爸爸是警察，谁干坏事可以抓谁，你是警察的儿子，谁敢欺负你，老爸就把他抓起来。但对年仅7岁、缺乏辨别力的孩子来说，爸爸的话就是金科玉律，就是千真万确，有这么了不起的爸爸撑腰，当然可以肆无忌惮，欺压同学。一些"官二代""富二代"以及"星二代"之所以将自己凌驾于众人之上，奉行"自己尊若菩萨，他人秽如粪土"的特权观念，嚣张跋扈，为所欲为，恰恰是他们目睹父辈手眼通天，无所不能，才有所恃无所惧的结果。

从李启铭到李某某，表面上，这些孩子坑爹，害得老爹在公众面前颜面大失，事实上，他们也是被爹坑的产物。若父母从小给他们灌输"众生平等"的观念，教育他们自爱与爱人，懂得敬畏生命，尊重他人，遵纪守法，而不是利用特权为他们保驾护航，给他们撑腰壮胆，他们怎敢斜睨众生，藐视法律，嚣张狂妄，滋生事端，将父母推向舆论的风口浪尖。

"父母是孩子的榜样，孩子是父母的影子"，家庭教育在孩子成长中，对孩子品性的影响占75%，父母的德性和品格决定着孩子为人处世的态度。要避免"我的爸爸是李刚"之类的闹剧重演，要从小抓起，从娃娃抓起，自小给孩子一种良好的示范，把"平等、自爱和爱人"等观念根植在孩子心中。

那位小小年纪就叫嚣着"我的爸爸是警察，敢不听我的，我就让我爸爸把你们抓走"的孩子，他的警察爸爸需要警觉，需要反思，若再不对孩子进行正确的引导和示范，任其发展膨胀，这个孩子很可能成为下一个李启铭或者李某某。

当然，小学生年龄小，好奇父母的职业，也喜欢攀比，如何引导孩子看待父母的职业，我特别欣赏博友谢冰清在《孩子必须面对的人生课题：你父母是做什么的》一文中的一段话，就把它引过来当作此文的结尾：

"作为父母，不管你是做什么的，与你孩子的健康成长关系真的不大，别动辄在孩子面前炫耀金钱和权势，别让特权富贵思想压垮了你孩子柔弱的双肩，他不够健全的心智还不足以辨别是非美丑，而你能做的就是用自己的思想和智慧启迪他担当起自己的责任，让他回答好'父母是做什么的'这个人生课题。给孩子一颗平常心，让他们自己学会成长。对孩子来说，父母就是那个给予他生命并教育培养他长大的人，就这么简单！"

能否不株连药家鑫的父母

除受害者家属外，药家鑫杀人案中受伤最重、承受的打击最大、处境又最为难堪的莫过于他的父母。面对媒体，他母亲说的第一句话就是："他的行为把我的心都撕碎了。"

2010年10月，"药家鑫杀人案"及此案将如何判决成为媒体关注的焦点，而我则因为网上的一条《药家鑫母亲登门向死者父亲下跪久久不起身》的消息，更为关注药家鑫父母的现实处境。

据网络资料，药家鑫的父亲曾任总后西安军事代表局驻该厂军代表，正团级职务，副师级待遇，但自2006年转业后一直没有正式就业，靠打零工为生；母亲曾是西安北方华山机械有限公司职工，现已退休，退休金每月只有七八百元；药家鑫肇事的小车是在他执拗的要求下，父母拿出全部积蓄又借了4万元才买的，也是他们家唯一的一辆车。我引上述资料，是希望大家在审视药家鑫案件时，别把他同所谓的"官二代""富二代"挂钩，他的家庭背景非常普通。

因为对儿子寄予厚望，除受害者家属外，药家鑫杀人案中受伤最重、承受的打击最大、处境又最为难堪的莫过于他的父母，面对媒体，他母亲说的第一句话就是："他的行为把我的心都撕碎了。"

这对被不肖子撕碎了心的父母闻知儿子撞人又杀人的恶行后，立刻号啕大哭，之后又陪同他到公安机关投案自首；在儿子被批捕后，他们因无脸住在家中，担心被媒体找着，以后找工作都难，遂在外租了一间房子；然后开始四处借钱，准备民事赔偿金。因为没有筹到足够的钱，觉得"道歉"两个字太无力，拿不出钱，诚意体现不出来，才推迟了向受害者家属登门道歉的时间；在案发后第 128 天，经过两方律师的沟通，药家鑫父母当面向死者张妙的父亲道歉，药母长跪不起，并说："药家鑫犯的错，自有法律制裁，我们道歉只代表我们自己，而无力代表他。"

说实话，看这些报道资料，我内心特别酸楚，这对内心凄苦惶惑的父母没有推卸赔偿责任，没有不明事理地为儿子辩解，而是声称："养不教，父之过。我们夫妻俩向受害者及其家属以及社会公众道歉了，药家鑫的法律责任他自己承担，我们该负的民事赔偿我们担着。"

他们承担了他们该承担的一切，称得上是深明大义，但外界回馈给他们的又是什么呢？

先是儿子声泪俱下的控诉。药家鑫对媒体说："我从 4 岁起，就天天练钢琴，每天除了弹琴就是学习，稍有不好，就会遭到父母的殴打。学习不好时，父亲好几次把我关在地下室不让上楼，我很多次都想过自杀，因为除了无休止练琴外，我看不到人生希望。"

这段话将父母推向舆论的风口浪尖，陷他们于四面楚歌的惨境，激起众多人士对中国家庭教育的反思。很多网友撰文，大肆批判药父药母的教子方式，将矛头直指"富二代"；众多媒体心怀叵测地追问，事发后为什么不赶快道歉，求得受害者家属的宽恕；更有心态偏激者认为药家鑫父母是"把药家鑫送进监狱的重量级黑手"。因为他们一味望子成龙，却忽视了对药家鑫"最基本的道德准则和社交礼仪教育"，所以，"杀药家鑫，不如杀了药家鑫父母，这样才能真正敲响中国根子和骨子里，还有胎盘里以及祖坟里的教育问题"。

这些字句看得我通身发冷，遍体生寒。他们只是一对平凡的父母，在应试教育和独生子女政策的大前提下，按照自己的方式爱孩子和教育孩子，他们所奉行的父亲严厉，母亲溺爱的教子方式是很多家庭司空见惯的，出了问题，大家可以对此反思，但不能因为药家鑫杀人，就将他父母看得十恶不赦。我反对这种株连父母的行为，尤其是孩子成长过程中，有很多不可控因素，假如孩子出了问题，父母都成为千夫所指，谁还敢当父母？

"王子犯法与庶民同罪"，但有谁听说过"王子犯法，父母要与之同罪？"真不知道药父药母内心要有何等的勇气和力量才能应对扑面而来的敌意和不绝于耳的讨伐声。

　　曾看过这样一条新闻：美国前副总统戈尔 24 岁的儿子被指控持有大麻而被捕。在美国，持有大麻是一种轻度罪行，小戈尔必须面对审判。同样是面对丑闻，戈尔没有像中国的有些父母，又是声明，又是认错，他选择的是沉默。

　　我认为，面对喧嚣的媒体，药家鑫父母有权利选择沉默，因为药家鑫 21 岁，已经是具有完全行为能力的个人了，他犯罪理应接受法律的制裁，但他父母与此事无关，有权利护卫自尊，拒绝被媒体拉出来示众；就算他们负有教养不当之责，但药家鑫接受了 15 年的学校教育，从小学到大学，那么多的老师居然没有教给他基本的"爱心"和"责任"？这些老师是否也需要出面向受害人道歉，乃至向药家鑫的父母道歉？因为收了人家的学费，却没有将人家的孩子教好。我是说，迁怒于他的父母，要求他父母道歉的做法很不理智，就如同我们要求教过药家鑫的所有老师出面道歉以及因为药家鑫是西安音乐学院的学生就呼吁封杀该学院一样不可理喻。

　　除了舆论的大肆讨伐之外，受害人家属的不宽恕和不原谅也让他父母的处境雪上加霜，如张妙的丈夫曾表示，药家鑫的悔过以及药家鑫父母的道歉，他一概不接受，并表示"我不能让妻子死得没有尊严"；庭审现场辩护人律师向法庭提交 3 份材料，包括报纸对药家鑫主动递交悔过书的报道，上学期间的 13 份奖励，被告人校友、同学、邻居的 4 份请愿书，请求法庭给被告人一个改过自新的机会。但张妙的丈夫当庭说："我不看那个，那都是垃圾！"并且表示，如果药家鑫不被判死刑，他肯定会上诉。

　　我能理解张妙家人的一些想法和做法，但在药家鑫接受司法审判时，是否一定要让药父药母颜面无存才可以替妻子讨回尊严？这真的是和谐社会呼唤美好人性的最好方式吗？我更希望的是，当药母匍匐在张妙父亲前道歉时，他能诚恳地说一声："这件事与你们无关，你们也是受害者，我们都被你们的儿子害惨了！”

也许，有人会说我站着说话不腰疼，但将犯罪人和罪人家属分开对待的先例有很多。在震惊中美两国的"卢刚事件"中，就读于美国爱荷华大学的中国留学生卢刚获得爱荷华大学太空物理学博士学位不久，就在1991年11月1日开枪射杀了这所学校的3位教授、1位和他同时获得博士学位的中国留学生以及这所学校的副校长安妮·克黎利，之后，卢刚自杀身亡。

3天后，安妮·克黎利的几位兄弟却在极其悲痛的情况下，以极大的爱心宣读了一封致卢刚家人的信：

"当我们在悲伤和回忆中相聚一起的时候，也想到了你们一家人，并为你们祈祷，因为这个周末你们肯定是十分悲痛和震惊的。安妮·克黎利最相信爱和宽恕。我们在你们悲痛时写这封信，为的是要分担你们的悲伤，也盼你们和我们一起祈祷彼此相爱。

"在这痛苦的时候，安妮·克黎利是会希望我们大家的心都充满同情、宽容和爱的。我们知道，在此时比我们更感悲痛的，只有你们一家。请你们理解，我们愿和你们共同承受这悲伤。这样，我们就能一起从中得到安慰和支持。安妮·克黎利也会这样希望的。"

几兄弟还捐出一笔资金，宣布成立安妮·克黎利博士国际学生心理学奖学金基金会，用以安慰和促进外国学生的心智健康，减少人类悲剧的发生。

是啊，逝者已矣，生者还要继续，而爱和宽容才是人类洗刷痛苦，忘掉仇恨，避免悲剧重演的出路！我们没理由原谅药家鑫，他理应接受法律制裁，但我们应该将他和父母分开来看，没必要对他们穷追猛打，做迁怒式的株连。

家长，请别拉着孩子的手闯红灯

学生给我提交的结果表明：半小时里，平均有12位家长拉着孩子的手大摇大摆地闯红灯。

教育学课上，在给学生讲述"家庭教育"这一章内容时，为了加深学生的印象，我建议学生在市区的几个主要路口站半小时，观察一下，有多少家长拉着孩子的手闯红灯。学生给我提交的结果表明：半小时里，平均有12位家长拉着孩子的手大摇大摆地闯红灯。

我不知大家看了这个数字作何感想，是否觉得这是小事，没必要在这里大惊小怪，小题大做？在我眼中，这绝对不是小事，和谐社会，需要遵守制度、具备良好社会公德的人。心理学家的研究表明，0~5岁是孩子品德和性格发展的关键期。宋代思想家张载说："勿谓小儿无记性，所历事皆能不忘。"家长作为孩子的第一任老师，承担着培养孩子良好的个性及自觉遵守行为规范的重任。如果言语粗俗，行为失范，公然地蔑视交通规则，对年幼的孩子的影响是可想而知的。

一位幼儿园老师，她所带的班上有位4岁的小男孩，长得虎头虎脑，非常可爱；可是，性情急躁，稍不如意就口出脏话骂人。老师觉得很奇怪，这么小的孩子，他骂人的词汇是从哪儿学来的？为了弄清缘由，她去孩子家做家访。孩子的父亲是一位性情粗暴的工人，没等老师把来意说清楚，光听孩子爱骂人，就急眼了，他一把抓过自己的孩子，边打边愤怒地说："你这个小兔崽子，谁让你在幼儿园骂人的，看老子不揍扁你……"

这样的家长，想培养出文雅有礼的孩子，简直是天方夜谭。在大学校园里，我们经常看到很多所谓的天之骄子，穿拖鞋，不修边幅，言语粗俗，随地吐痰，满口脏话，在公开场合跟情侣搂搂抱抱，眼神空洞茫然，甚至沾染上酗酒、赌博、泡吧等恶习，缺乏与大学生相称的礼仪与修养。很多人把这种现象归结为学校教育，认为是学校教育过分注重成绩造成的。殊不知，它真正的源头在家庭，完全是家长潜移默化的结果。

教育专家指出，在人的一生所受的教育中，家庭教育成分占75%以上。因此，家长的一言一行、一举一动，都会影响甚至左右孩子一生的道德行为。

一项"中国独生子女人格发展与教育"调查显示：77%的小孩对"父母们要求子女做的自己却没有做到"感到不可理解，近54%的学生承认他们的吸烟、打牌等不良习惯是受父母的影响。

因为生活中，太多的家长不注意修身养性，自己品行不端，欠缺文明修养，蔑视社会秩序与道德，使得缺乏辨别能力的孩子，在不知不觉的模仿中，耳濡目染，养成了种种不良的坏习惯。少若成天性，习惯成自然。

中国著名心理学家，被誉为是"高考状元研究第一人"的王极盛教授，对众多的高考状元进行过采访，他曾向状元们提出这样一个问题："父母最关心你们什么？"孩子们几乎众口一词："父母教育我们做正直的人。"

大连文科状元黄晓庆说："我在学习上有失误父母从不责备，但在做人上出现错误，父母却决不含糊，管教极严。"甘肃文科状元张丽采一直佩服她的父亲，其父是一个大厂的人事干部，从不收受别人的馈赠。他还教育女儿也要做正直的人、无私的人，他总是对女儿说："做人要有志气，要通过自己的努力去获得。"

从上述状元的发言中，我们不难发现，他们之所以成为状元，是得益于家长自身的人格力量的影响，身教重于言教，由于家长的榜样作用和对孩子品行的严格要求，使孩子学习动力明确，学习后劲很足，从而品学兼优，做到学业和人格方面的双赢。

学习好只是一时的，而人格好却是终生的。如果家长希望自己的孩子爱看书爱学习，自己在家里就要多看书多学习；如果家长希望孩子心态健康平和，就不能当着孩子的面牢骚满腹，怨天尤人，更不能把孩子当作自己不良情绪的垃圾筒；如果家长希望孩子礼貌、文雅、品行高尚，就要认真遵守社会秩序，完善自身的道德品质。

家教无小事，处处是楷模！家长们，请不要再拉着孩子的手闯红灯！

谁说独生子女有"病"

美国著名心理学家霍尔说:"独生子女,就这一客观事实本身,就是一种疾病!"

随着计划生育及独生子女政策的实施,越来越多的孩子成为独生子女,他们置身于"4-2-1"的家庭结构之中,被称作当代的"小皇帝"和"小太阳",成为家庭瞩目的中心和社会高度关注的群体。关于独生子女的研究和相关争议很多,就独生子女到底是什么样的儿童这一问题,目前有代表性的观点就有三种:

一、独生子女是问题儿童

美国著名心理学家霍尔说:"独生子女,就这一客观事实本身,就是一种疾病!"德国小儿科医生内特尔总结自己的临床经验,写一部专著《独生子女及其教育》,认为独生子女是有特异性的"问题儿童",他们缺乏独立奋斗的能力,依赖性十足,不会待人接物,任性、冷酷、嫉妒等;前苏联著名教育家马卡连科经过研究,认为独生子女是社会的危险物,最困难的教育对象,他劝告父母:"即使家庭在物质上存在一些困难,也不可以只生一个孩子,可以抱养、领养一个;你一定要这样做。"

中国科学院研究员叶廷芳则从社会学角度指出,独生子女政策对孩子的成长也不利,易于导致人性的扭曲。"独生子女不能跟兄弟姐妹一起玩乐,只能成天围着父母转,其自然成长的天性受到压抑,不利于其健康成长。从人的情感层次讲,至少可分为亲情、友情和爱情,亲情方面包括父母之情、夫妻之情、叔叔婶婶、舅舅舅母、姨父姨母及堂兄妹、表兄妹等。现在堂、表这些层次都没有了！这是人伦的缺陷，必然导致人性的变异。"

二、独生子女是优等儿童

美国加利福尼亚的约翰·克劳迪等人，从 1960 年开始，到 1980 年完成的综合研究中，通过对 40 万名中学生的调查、对比，发现独生子女比非独生子女更聪明更富于创造性，更有教养，更成熟，对事业更敏感；独生子女智商普遍比非独生子女高，前者智商平均数为 108，后者为 103；我国一些专家在中小学搞调查，对独生子和非独生子进行对比性的测量与研究，结论是独生子女在行为表现、文化学习和身体素质方面都明显优于非独生子女，是"优等儿童"。

三、独生子女是普通儿童

美国的胡恩顿经过对独生子女问题的研究，否决前面两种观点，认为独生子女和非独生子女相比较，没有什么差异，得到一些学者的支持。我国自 1980 年以来，对独生子女的问题进行了周密、深入的调查研究，如 1982 年，辽宁教科所对 10 所城镇幼儿园 270 名独生子女与非独生子女的 11 项行为表现进行测量、调查、问卷，结果差异不明显。中国科学院心理研究所 1985 年进行独生子女和非独生子女推理能力的研究，没有发现显著差异。研究结论：独生子女是普通儿童，与非独生子女差异不大，不要抱有成见。

我个人倾向于第三种观点，即独生子女是普通儿童，他们与非独生子女在遗传和社会大环境方面并无明显差异。就遗传而言，他们同样是"父精母血"孕育而成的生命,同样要母亲怀胎十月才能呱呱落地；就社会大环境而言，他们受着相同的政治、经济和文化制度的制约。

他们之所以成为问题儿童，被指责为自私自利、自我中心，是家长过度宠溺、过度保护的结果。因为只有一个孩子，爸爸、妈妈、爷爷、奶奶、外公和外婆全都众星捧月地围着他转，对他千娇百宠，捧在手里怕摔了，含在嘴里怕化了，除了要求孩子会读书和考试，事事均包办代替。在这种错误的教养方式下，孩子性格和人格方面自然容易出现问题。

同非独生子女相比，独生子女拥有得天独厚的生活条件，无论是物质需求还是精神需求的满足度，都比非独生子女高得多。假如家长能对他采取民主型的教养方式，注重早期教育和智力开发，并让孩子进幼儿园，接受高品质的幼儿教育，独生子女当然可以成为优等儿童。

　　假如家长保持一颗平常心，像对待普通孩子那样对他，不过分地关注，也不忽略基本职责，他应该与正常孩子无异。所以，独生子女在出世之初，只是很普通的一个孩子。他到底成为问题儿童还是优等儿童，完全取决于家长对他的教养方式和态度。家长应该掌握相关的教育心理知识，根据孩子的年龄特点，给独生子女以理性和有分寸的爱，关注他们的心理健康和良好性格的养成，使他们能够开朗自信，健康茁壮地成长。

驳：提倡早教是站着说话不腰疼

你小时候你爸妈逼你学什么了没有？你们没受过那种苦，就别站着说话不腰疼！

网友呵呵看了我写的《别让孩子寡才少艺过一生》一文后，怒气冲冲地发给我一张纸条："谁说2岁到6岁是孩子多种兴趣培养的时期，就是你们这些宣传，导致现在的家长跟风、攀比、虚荣。你小时候你爸妈逼你学什么了没有？你们没受过那种苦，就别站着说话不腰疼！"

说实话，我被吓了一跳，不知道呵呵是否因为我这篇倡导早教的文章，勾起被父母逼着学艺的痛苦经历，才将满腔的愤怒发给我？我很欣慰成为她郁闷情绪的出口，但她字里行间流露出的一些想法却颇值得商榷，现就其疑问答复如下：

一、谁说2岁到6岁是孩子多种兴趣培养的时期

婴幼儿及童年期是人类大脑发育、语言习得、智力发展、个性形成和多种兴趣养成的关键期，这个观点不是某个人说的，而是被教育心理学的大量理论及实验证明了的。奥地利动物心理学家洛伦兹因为"关键"期理论的提出荣获诺贝尔奖；美国芝加哥大学心理学教授B.布鲁姆在其"布鲁姆假说"中指出："假如一个人到18岁时，智慧水平为100，那么4岁时，可以达到50%。"德国洛赫特村牧师威特卡尔·威特坚持认为"对于孩子的成长来说，最重要的是教育而不是天赋，孩子最终成为天才还是庸才，不取决于天赋的高低，关键决定于他从生下来到5至6岁时的教育。"（0到五至六岁是儿童各项能力发展最重要的时期）；中国那句古话"三岁看到老"，看似荒唐，实则是关键期

理论的雏形。

从轰动欧洲的天才卡尔·威特、哈佛女孩刘亦婷到多才多艺的林妙可，从引人深思的狼孩、羊孩到猪孩案例，源自现实生活的很多实例都从正反两个方面为上述理论提供了强有力的佐证。

二、就是你们这些宣传，导致现在的家长跟风、攀比、虚荣！你小时候你爸妈逼你学什么了没有

我承认我小时候父母没逼我进过兴趣班，学过钢琴、舞蹈、书法和绘画等各种才艺。不止是我，我的同龄人也大都没有被家长逼着学艺的经历，但我们的童年时光是在 20 世纪 70 年代度过的，那是物质和文化极度匮乏的年代，很多家庭都面临着孩子多、收入低、生活拮据的窘境。父母终日操劳，也仅仅能够让孩子填饱肚子，勉强有书读而已。他们根本无力为孩子提供优质的早期教育，培养孩子多样的兴趣。

我不认为父母不逼着我们学东西是我们的幸运，在我看来，这是时代和家长素质的局限，也是我们这一代人的悲哀。因为，成年后的我们正品尝着早教缺失的苦果。就拿我来说，我接受过完整的本科教育，拥有副高职称和国家二级心理咨询师的资格证，但这样的我却不识谱，不会画画，不会舒展自如地舞蹈，不爱运动。

我经常为自己兴趣的匮乏，业余生活的单调而伤神。放眼四周，很多受过高等教育的成人，在工作之余，热衷于打麻将、喝酒、赌博和玩婚外恋，从未体验过艺术创作之乐，也无法充分领略名山大川之美。不是我们这一代人笨，缺乏艺术细胞和高雅的情趣，而是早期教育的缺失和片面的应试教育扼杀了我们的兴趣、剥夺了我们的高品质生活。

三、你们没受过那种苦，就别站着说话不腰疼

正是因为我们知道兴趣贫乏的人生有多么枯燥与无趣，我们才特别希望现在的孩子能够在优质的早教环境中，培养多样的兴趣和爱好，拥有自信而充实的内心。这不是"站着说话不腰疼"，而是有远见卓识的父母对孩子必尽的责任。

著名诗人、散文家、画家席慕蓉的女儿 3 岁时去阿姨家，对钢琴

表现出特别的热情。于是，席慕蓉鼓励女儿学琴，并且在她 4 岁多时，给她买了一架钢琴。从每天弹 15 分钟到一个钟头甚至 2 个钟头，从柔软的小手和坐在椅子上小脚就会悬空的小小女孩，到宽厚有力的手掌和高兴起来就弹个没完的初中女生，十多年的学琴生涯不谓不苦，但这份苦却使得博士毕业的女儿成为钢琴演奏家，终生与优美灵动的音符为伴。

著名主持人杨澜做的访谈节目，嘉宾能涵盖政治、经济、文化等多个领域，就是因为她兴趣广泛。所以，她很注重对儿女兴趣的培养，有意识地安排他们自幼学习书法，鼓励他们学习绘画和钢琴，如空中飞人般忙碌的她成为孩子钢琴学校里出勤率最高的家长之一；尽管她儿子主动学钢琴是受周杰伦影响，没多久就不想学了，杨澜还是跟儿子约定，要通过钢琴四级才可以不学；在儿子 8 岁之前陪着他游历了15 个国家。对女儿弹琴的热情更是全力保护。

杨澜说："一个智慧妈妈应该观察孩子的潜在能力和才华，她的任务是为孩子们打好基础，至于将来孩子做什么，妈妈是无法设计的。"我非常赞同这句话，因为幼小的孩子是无法察觉自身的潜能与兴趣的，家长善于发现，因势利导，才能为孩子兴趣和才能的发展打好基础。关键期的可怕之处就在于，一旦错过，很难弥补，就像我现在，置身于高职院校，校园里有运动场、健身房；艺术系有很多优秀的专任教师，我也具备购买钢琴，聘请家教的能力，但兴趣的匮乏使得我根本没办法弥补自己艺术修养方面的欠缺，只能抱憾终生了。

最后，我想对呵呵说："别把孩子同洗澡水一起泼掉，别因为一些家长盲目跟风，方式粗暴就从根子上抹杀早教的重要性，剥夺孩子多样兴趣发展的可能。家长需要做的是改进方式，在尊重、信任的基础上对孩子的兴趣发展予以激发和鼓励，只有兴趣广博，心灵丰富才能缔造高品质的人生。"

给儿子乱用药引发的后果

儿子花了一下午的时间，打完了她开出的针水，晚上回家后，神情更痛苦了，他伏在我的怀里，一直哭喊着肚子疼，怎么哄劝都安静不下来。

儿子2岁时，我和老公把他留给北方的爷爷奶奶，到海南发展。半年时间，工作刚一稳定，我们就利用暑期返回北方把儿子带到海南跟我们一起生活。

那时，经济条件有限，三口人只能乘坐火车。从宁夏到海南路途十分遥远，我们要先从银川坐火车到西安，再从西安转车到广州，然后乘坐从广州到海安的长途客车，最后再从海安乘船抵达海口。这样一路走来，即使行程顺利，也要舟车劳顿四五天才能完成由北到南的转移。

在买好火车票，计划动身的前一天，一向结实可爱的儿子突然感冒了。症状也不严重，就是有点咳嗽，流点清鼻涕。如果不考虑即将开始的漫漫旅程，也许，多喂他点开水，小心照管，就可以恢复正常了。但考虑到路途太遥远，怕他路上感冒加重，引起其他的并发症，所以，我和老公把儿子带到医院，让医生诊断治疗，还特别要求医生开点效果好的药，在路上备用。医生给我们开了几袋儿童用的抗生素药，说孩子上呼吸道有点感染，如果继续咳嗽，可以按照说明给他喂服。

儿子第一次坐火车出远门，很兴奋，在车上精神状态也很好，只是偶尔还会流涕和咳嗽。我总怕他病情加重，就遵医嘱，按时把那几包药物都冲好了喂给他。他很乖，服药时也不吵闹，而是笑嘻嘻地很轻松就喝了。

等我们抵达海南家中时，他感冒的症状已经消除，却告诉我肚子疼，我开始不以为然，觉得可能是着凉了，也可能是水土不服。但一向活泼爱笑的他，精神一下子变得萎靡不振，也吃不下饭，开始哭闹起来。

我和老公带他到当地的大医院找医生看，医生问了一下症状，判断说是肠胃有点问题，让他打点滴。一瓶点滴打下去，又开了些药，我们把儿子抱回家，喂他吃药，结果没多久，他又抱着肚子哭喊起来，一副疼痛难忍的样子，看得我们心如刀绞，只好再次把他抱到医院，还找那位医生，他似乎也说不出所以然来。

一位护士看孩子那种痛苦的样子，建议我们抱到专门的儿童医院去看，接待我们的是位女医生，很敬业也很专业的样子，说起儿子的病情头头是道。但儿子花了一下午的时间，打完了她开出的针水，晚上回家后，神情更痛苦了，他伏在我的怀里，一直哭喊着肚子疼，怎么哄劝都安静不下来。我和老公心急如焚，实在不知道怎样才好，急得团团转。

当时，我们的邻居是位善良热心的女孩，她的男友是市医院的大夫，那晚正好来看她，儿子的哭声撕扯着我的心，让我痛不欲生，尽管知道此时打扰他们不太礼貌，我还是不管不顾地敲开邻居的门，急惶惶地向女孩的男友求助。没想到我的急病乱投医还投对了，她的男友是专攻儿科的，是个很有经验的儿科医生。他详细听我介绍了儿子的症状，还有一天的治疗情形，嘱咐我们一早就去医院找他，化验大便和血液，以便确诊。

我和老公轮流抱着被病痛折磨得痛苦不堪的儿子，眼睁睁熬过了漫长的一夜，第二天一大早，就赶快抱着他去化验。化验结果出来后，那位可敬的医生忙不迭地开药下单。等儿子打上点滴，沉稳地入睡之后，他才告诉我们，我儿子患的是过敏性紫癜，现在对症治疗，问题不大，让我们放心。

果然，一瓶点滴下去，儿子的情绪平稳多了，甚至开始要求进食。

等下午再打完一瓶点滴，他就活泼如常了。而且自那以后，他再没有生过过敏性紫癜这种病。显然，医生的治疗很及时也很彻底。

后来我上网查找关于过敏性紫癜的信息，发现有如下解释：

"过敏性紫癜又称亨－舒综合征（Henoch—Schonlein purpura, HSP），是一种较常见的微血管变态反应性出血性疾病。病因有感染、食物过敏、药物过敏、花粉、昆虫咬伤等所致的过敏等，但过敏原因往往难以确定。儿童及青少年较多见，男性较女性多见。起病前1～3周往往有上呼吸道感染史，表现为皮肤淤点，多出现于下肢关节周围及臀部，紫癜呈对称分布、分批出现、大小不等、颜色深浅不一，可融合成片，一般在数日内逐渐消退，但可反复发作；病人可有胃肠道症状，如腹部阵发性绞痛或持续性钝痛等；可有关节疼痛以及肾脏症状，如蛋白尿、血尿等，多见于儿童。治疗包括尽力找出过敏原因并加以避免，使用抗组胺药物如苯海拉明、异丙嗪、安其敏、扑尔敏等及糖皮质激素等。"

对照上述资料，我觉得我儿子的过敏性紫癜与感冒后服食抗生素药有关，属于药物过敏。假如，我当初不那么急切地想治好他的感冒，盲目地给他喂抗生素，他就不会忍受那么多的痛苦了。幸好在关键时刻，遇到一位医术高超的医生，及时治好了他。假如一直任由庸医误诊下去，延误病情，引起一些并发症（胃肠出血和脑出血等），后果真的不堪设想。再联想到很多孩子都是家长或者医生用药不慎造成了失聪、失明和残疾，我想想都后怕。这么多年了，写这篇文章，回想当时的情景，还是浑身直冒冷汗。

我很痛苦地把这个故事写出来，是想提醒家长朋友，孩子没有自我保护和防范的能力，求医用药一定要慎重。

那年，儿子宁可打针也不去幼儿园

有一天，他又哭着不肯去幼儿园，被我强拉着走到半路，
他就蹲在地上说肚子疼，让我把他送医院。

1998 年，我和老公把 2 岁半的儿子从北方带到海南。快 3 岁时，准备让他上幼儿园小班。在开学前夕，我们不辞辛苦地带着他把全市的幼儿园都跑了一遍，想挑一个办学条件好，管理又规范的幼儿园。

经过多方对比和打听之后，我们选中了一家名为"小明星"的幼儿园。它场地开阔，活动设施完备，接待的老师看起来美丽可爱，言谈之间流露出较高的艺术素养。我们觉得满意，难得的是儿子也喜欢，就给他报名注册了。

一个学期下来，儿子很开朗，每天欢天喜地地去幼儿园，回到家就兴高采烈地给我们唱歌、跳舞、表演儿歌。老师们一见我就夸他聪明可爱。我表面谦虚，心里却觉得自己是教育心理学的教师，对儿子的早期教育下了那么多功夫，他表现好也是顺理成章的，对老师的夸奖并不太在意。

新学期伊始，我供职的学院后面开了一家私立幼儿园，因为儿子就读的幼儿园接送很麻烦，而且儿子上个学期的表现让我对他充满信心，觉得凭他的素质，放到哪所幼儿园都一样出色，为了省事，自作主张把孩子转到这离家很近的私立幼儿园。

结果，开学两周了，每天送他去幼儿园时他都哭。每天都拿回作业本，老师不是要求他把拼音写 10 遍，就是把数字写 20 遍，还很认真地给他批改和写评语。他年龄太小，笔都握不住就被要求完成这样高难度的作业，我觉得不可思议，只好替他完成。

有一天，他又哭着不肯去幼儿园，被我强拉着走到半路，他就蹲在地上说肚子疼，让我把他送医院。他昨晚睡得又甜又香，我断定他的肚子疼是假装的，就威胁他说："去医院可是要打针的，你打不打？"

没想到过去一听到打针就怕得要命的他居然连连点头说去打针，不去幼儿园。我隐隐觉得事情有点儿不对，但还是觉得不能惯他的坏毛病，也许过几天他就会适应的，坚持把哭闹不止的他放在幼儿园里。走了没多久，一位同事就告诉我，她刚送孩子回来，发现我儿子自己在一个角落里哭得鼻涕眼泪一大把，却没有人管，我一下子意识到了问题的严重，急忙又赶回幼儿园去看个究竟。

儿子的教室在二楼，里面很狭小，只是简单地贴了两张卡通图片让人觉得还像个幼儿园。一位戴眼镜，表情看起来很严厉的女老师正一本正经地站在讲台上给十几个孩子讲数学题，十几个小孩都乖乖地背着小手坐在后面。我儿子缩在最后的角落里，只有他单人独桌，一脸的惊恐，脸上还沾着泪痕。

儿子的表情深深地刺痛了我，我去找园长，问她这么小的孩子，干吗要逼他们学小学的内容，幼儿阶段主要是游戏和玩乐为主呀。园长40多岁，是个憨憨胖胖的中年妇女，一看就没有读过多少书，她说："家长掏钱把孩子送过来，就是想让孩子读书识字。再说，我们这里又没有活动场地，孩子打打闹闹地发生意外怎么办？"

我说："我的孩子以前很活泼，可现在一提起幼儿园就哭哭啼啼的，这是为什么？"园长振振有词地说："你那孩子我知道，他一点儿海南话都听不懂，胆子又小，没有小孩跟他玩儿，他才那样，这怎么能怪我们呢？"

面对这么一个既不懂教育，情感又极度冷漠的园长，我懒得再费口舌，迅速地为儿子办理了退园手续，带他逃离了那个伤心地。就这样，半个月前，我们送去的是一个开朗、聪明、非常喜欢幼儿园的孩子，可是两周之后，就变成了一个宁可去医院打针也不愿意去幼儿园的终日哭哭啼啼的孩子。这主要是因为办幼儿园的人既不懂孩子的心理也漠视孩子的情感需求，盲目地对他进行小学教育造成的。这时候我才发现，给孩子选择一个高品质的幼儿园有多重要。

把儿子领回家之后，他已经对幼儿园充满了畏惧感，我和老公利用学校教师不用坐班的优势，轮流在家带他。足足半年的时间，我们陪他散步，给他讲漫画，带他到操场踢球，为他找同龄的玩伴，尽可能地鼓励他，使他重新变得开朗自信。

接下来，我再次找到"小明星"幼儿园的园长，要求孩子还去她那里，并把孩子的情况做了介绍，她不但痛快地接收了他，还专门安排一位很有经验的老班主任来带他。结果，在这位老班主任的关爱和引导下，孩子很快又对幼儿园流连忘返了。他活泼、自信，因为普通话讲得好，被聘为园里的小播音员，在讲故事和诗朗诵比赛中还多次获奖，以非常好的心态完成了幼儿园阶段的教育。

在他上小学之后，也始终保持着开朗自信的心态，一直担任副班长，年年都是三好生，成绩始终名列前茅，还酷爱绘画和打篮球。2012 年高考，他以优异的成绩被上海同济大学录取。

当有家长夸我把孩子教育得好时，我总是真心实意地说："不是我教育得好，是在关键时刻为他选择了一家好的幼儿园。"

后来，我读到《哈佛女孩刘亦婷》这部书，发现刘亦婷小时候也有过一段跟我儿子类似的经历：刘亦婷 3 岁时，她妈妈要到上海戏剧学院参加考试，私人幼儿园的老师兼老板满口答应让刘亦婷全托 20 天，刘亦婷满怀着对老师的信任告别了妈妈，没想到从此开始了忍饥挨饿的生活。20 天后，刘亦婷饿成了一只小瘦猴，妈妈接她回家时连笑都不会了，除了想填饱肚子，什么都忘了！什么都不关心！记忆的链条明显断裂，从前的各种习惯和本领全部消失！调养了 20 多天，刘亦婷呆滞疑惧的眼神才彻底消失。又过了两个月，被爱的幸福才重新唤醒了自信……

读这个故事，惊出了我一身冷汗，也让我感到特别后怕。假如当初不是发现得早，假如当初我硬逼着幼小的儿子留在那家私立幼儿园（开了三年就倒闭了）里哭哭啼啼地度日，肯定会给他的性格埋下阴影，也会造成他记忆链条的断裂。这件事让我明白，在孩子年龄还小的时候，为他选择好的幼儿园，让他接受高质量的幼儿教育，实在是太重要了。因为幼儿时期是人大脑发育、语言习得、智力发展、个性形成的关键期，早期教育的缺失，终身难以补偿。因此，幼儿的家长除了要掌握好的家教观念对孩子进行行之有效的早期教育之外，还应该谨慎地给孩子选择高质量的幼儿园，让他享受优质的学前教育，只有这样才能为孩子一生的发展奠定坚实的基础。

帮儿子克服"乘车恐惧症"

想不到接下来的一个月里，他表现出来的情形愈来愈严重，不但拒乘任何交通工具，甚至一听别人谈起车就大哭着表示抗议。

这是发生在1997年儿子两岁半时的一个真实故事。

那是一个阳光明媚的日子，我带着儿子乘坐一辆三轮"摩的"去市中心购物。在炎热的海南，我和儿子一直喜欢乘坐这种通风性能好又便捷的交通工具。我坐在挎斗里，儿子紧紧地靠在我的怀里，瞪着两只圆溜溜的大眼睛，不停地左顾右盼，不时发出欢快的笑声。我也悠闲地望着过往的车辆和行人。

突然，就在我们视线所及的正前方，一辆开得很猛的摩的和一辆从弯道处横穿过来的小中巴撞到了一起，开"摩的"的司机在猝不及防的情况下，被撞得飞离了驾驶座，横躺在马路上，血肆无忌惮地从他的后脑勺上流了出来，淌了一地。接下来，就是各种尖叫声、刹车声，伴随着行人纷乱杂沓的脚步，事故现场很快被围个水泄不通。

交通被阻断了，我跟个傻子似的呆坐在挎斗里，对眼前发生的一切目瞪口呆。幼小的儿子则在我的怀里发起抖来，他哭叫着要下车，嘴里不停地嚷着："要翻车，要翻车，怕，怕！"我忙掏钱付了车费，抱着被吓坏的儿子下了"摩的"，一个劲儿地安慰他是意外，让他别怕。可他小小的脸上写满了惊惧，平常欢蹦乱跳，走起路来一点都不老实的他这次赖在我的怀里，两只小手紧紧地扒着我的肩膀，无论如何也不肯下地行走。我知道他是被刚才那恐怖的一幕吓坏了，就抱着他来到附近的一个公园里，试图转移他的注意力。

在公园一角的儿童乐园，儿子玩得很开心，很快就把刚才不愉快的事情抛到了脑后。我看时间差不多了，想到一大堆的购物计划还没有实施，就对他说："我们打个的去超市吧。"想不到我的话音未落，儿子就抱着脑袋尖叫着说："会翻车，会翻车，怕，怕！"

我耐着性子给他讲了一通道理，并承诺说不坐"摩的"，坐公交和出租车都行，由他挑，他的小脑袋摇得跟个拨浪鼓似的，一个劲地嚷着怕怕，坚持什么车都不坐。这里离超市和家都很远，步行是不可想象的，我觉得不能太迁就小孩儿，就招手拦了一辆出租车，想强行把儿子抱进去。谁知他一边在我怀里死命挣扎，一边发出杀猪般的号叫，好像是被绑赴刑场一样，那模样真是惨不忍睹。我只好摆摆手让司机走人。

在无计可施的情况下，我牵着他的小手步行回家。海南的阳光原本就很毒辣，又正逢夏季，等我们母子俩儿好不容易走回家时，浑身的衣服都被汗水浸透了。我以为这只是一时的恐惧情绪，随着时间的推移会自然而然地消失，想不到接下来的一个月里，他表现出来的情形愈来愈严重，不但拒乘任何交通工具，甚至一听别人谈起车就大哭着表示抗议。因为我是在大专院校教心理学的，在备课中接触过各种心理案例，我断定儿子是患上了"乘车恐惧症"，是目睹了那场意外的车祸引起的。

儿子的这个"恐惧症"不但影响他自己的情绪，也给我们的生活带来诸多困扰。比如每次到距家远一点的酒店参加婚宴和朋友间的聚餐，我们都要提前一个小时带他步行，等赶到地方时，往往是大汗淋漓，狼狈不堪，而不明真相的朋友还打趣我们，说为了省几块钱的车费，全家甘冒中暑的危险，精神可嘉。

老公对儿子的这种表现实在是忍无可忍，就问我有没有什么好的治疗方法。其实，我早已查阅了很多的资料和案例，各种方法也了然于胸，但总怕自己把握不好分寸，不但治不好儿子，反而害了他，一直不敢轻举妄动。老公说不能再拖了，越拖对他越不利，你把你知道的方法讲出来，如果我们自己施治有困难，求助于专业的心理机构也行。

我把认知和行为疗法中的系统脱敏和暴露疗法等详细对老公做了介绍，他问我哪种方法见效最快，我说是暴露疗法，治疗原则是"怕什么就给什么"，把他放在引起恐怖的情境中，让他充分体验所产生的恐怖情绪，由此来适应和降低恐怖反应，为了便于老公理解，我特意把"击几平惊"的故事推荐给老公看。

"击几平惊"的故事出自《儒门事亲》，记载如下："卫德新之妻，旅中宿于楼上，夜值盗，劫人烧舍，惊坠床下，自后每一闻有响声，则惊倒不知人。一些医生作心病治之，人参、珍珠及定志丸皆不疗效。万般无奈，求治于名医张子和。张子和不仅善用药物治病，而且善于运用心理疗法。张看后，乃命两名侍女，将病妇按坐在高椅之上，面前放一茶几，张曰：'娘子当视此。'张用木猛击茶几，病妇大惊，张曰：'我以木击几，何以惊乎？'不一会儿他又以木击几，病妇惊吓已减，连击三五次，又以手杖击门窗，病妇徐徐惊定而笑曰：'是何治法？'张曰：《内经》云：惊者平之，平者常也，平常见之，必无惊。'"

老公看过之后，说就是它了，我来操作，你配合一下，帮我把握一下分寸就行。

于是，那天傍晚，吃过饭之后，我们以散步为由，带着儿子来到一个偏僻路段，招手拦了一辆"摩的"，对驾驶的女司机说，这孩子有点儿怕坐车，上车后可能会哭闹，让司机别管，把车开慢开稳一点儿就行了。跟司机交涉好之后，丈夫一把抱起儿子，对他说："这个阿姨开车很稳，这条路上又没有别的车辆，不会翻车，爸爸和妈妈要带你坐车去一个好玩的地方，别怕啊！"然后就把他往车上抱。

预料中的情形发生了，儿子又喊又叫，在他爸爸怀里死命地挣扎着，发出撕心裂肺的哭声，那哭声中所包含的愤怒和恐惧达到了极点，简直让人毛骨悚然，我实在不忍心听了，对老公说："算了，还是慢慢来吧，别吓出毛病来。"

老公咬了咬牙，说："不行，不能再迁就他了。"然后不由分说抱着儿子坐进挎斗里，又招呼我坐在他旁边，对女司机一挥手说："开吧。"

待"摩的"启动之后，老公用一只手紧紧揽住儿子，另一只手则捂着他的眼睛说"不怕，不怕"。我也抓牢了他的两只小手，柔声细语地安慰他。他还是不依不饶地用哭声进行着激烈的挣扎和抗议。

"摩的"一直很平稳地向前行驶，大约十分钟之后，儿子的哭声开始变弱，二十分钟后彻底安静下来，他甚至用小手扒开了爸爸的手，开始打量周围的一切。我乘机说："你看阿姨的车开得多好啊，没什么可怕的，是吧？现在，你想去哪里，就让阿姨带你去，好不好？"

儿子说想去公园，"摩的"就径直向公园的方向驶去。我和老公相对一笑，不约而同地松了口气。

说也奇怪，这一次的暴露疗法竟彻底治愈了儿子的"乘车恐惧症"。后来，我们多次带他外出旅游和到北方探亲，把天上飞的、地上跑的和水里行的各种交通工具坐了个遍，他每次都是欢天喜地的，从无一丝一毫的恐怖反应。

儿子目前就读于上海一所重点大学，节假日经常和同学乘坐各种交通工具结伴出游，看到他自信从容的样子，没有人相信他曾经患过"乘车恐惧症"。

三个妈妈的家庭学校

"家庭学校"不仅让孩子受益,有了良好的学习成长条件,克服了独生子女常见的孤僻苦闷心理,让我们三个母亲也收获良多。

"家庭学校"由三个妈妈创办,这三个妈妈分别是我、小杨和小韩。我们来自北方,现在同在海南一所师范学校工作,是同事,更是无话不谈的好朋友。

"家庭学校"的学生只有三个,依次为澄澄、点点和坤坤。他们都4岁多一点,在同一所幼儿园读中班,是我们这三个家庭的独生宝贝。

为什么要办这个"家庭学校"呢?话说有一天晚上,小韩、小杨各自带他们的宝贝来我家串门。三个小东西在儿子的房间里玩玩具、做游戏、尖叫、打闹,开心极了。我们三个妈妈在这边却愁肠满腹,纷纷诉说着家务的沉重,带孩子的辛苦。

我们都是双职工家庭,老人也全在遥远的北方。孩子白天放在幼儿园还好,下午一接回来,吃饱喝足之后就开始纠缠大人,让你陪他做游戏,给他讲故事,不理他吧,就这一个,看他孤单得可怜,不忍心。一理他,小家伙花样百出,一晚上折腾得什么都干不成。

我们越说越觉得自己不堪负荷,那边的三个宝贝却越玩越兴奋,一晃两个钟头过去了,他们没有一点纠缠我们的意思。看着他们,我心里突然冒出一个念头:"孩子多了好管教","易子而教",孩子更容易成才。何不把这三个孩子集中在一起,每晚由一个母亲专门看管,顺便再教他们一些东西?这样既可以摆脱独生子女的孤独感,也让我们这些母亲有从容喘息的时间。我把这个想法跟那两个妈妈一说，她们立刻击掌叫好。我们凑在一起细细筹划了半天，"家庭学校"就开张了。

从那时起，每周周一周二两天，晚上 7：30 到 9：30，三个小家伙准时集中在我家。根据分工，我负责对他们进行语言文字方面的训练，重点给他们教一些古诗词，指导他们按照古诗的意境进行表演。比如教"松下问童子"这首诗，我让一个小家伙站在板凳上手举一片树叶扮作老松树，其余的两个一个当诗人，另一个做童子，按照诗的本意对话表演，三个小家伙可认真了，非要轮换着把每一个角色演一遍才肯罢休。通过这样生动形象的方式，他们很快就把这首诗记住了。

除了学习古诗之外，我还耐心地陪他们一起游戏，在游戏中教他们掌握一些常用的词或成语。如我让他们站在房间的两端，同时往中间走，碰到一起了，两人就握握手，然后我告诉他们，两人碰到一起是"相遇"，相遇后要"握手"，这样他们很快能领会这两个词的意思。用这种办法，我每晚都可以教会他们好几个常用的词语，使他们能够用词语准确地进行表达。由于我在教学中注重了寓教于乐，三个小家伙学得津津有味。如果有时间的话，我还会带他们到操场上散步，或者指导他们自己报幕、表演节目、比赛唱歌、跳舞或背诗。三个小家伙都很好强，争先恐后，往往到了该回家的时间还恋恋不舍。

在我这里半年多的时间，一些脍炙人口的唐诗宋词小东西们都记住了。一天，我从杂志上看到香港人最喜欢的一百首经典唐诗的名字，说出来让儿子背，他一口气全背了出来。

又一次，澄澄和点点在操场上玩，两人比赛着背李清照的《声声慢》，那么长的一首词，竟然一字不落。一个路过的老师听到了，奇怪地问我："这么深奥的一首词，你怎么让他们记住的？"

他不知道，三个孩子在一起，利用他们的好胜心理，再加上直观生动地讲解，他们完全可以记住。千万别低估了小孩子的学习能力。

周三、周四的同一时间，三个小东西又集中在小杨家。小杨是学校的电脑老师，擅长逻辑思维，她主要对他们进行数学知识的熏陶和训练。小杨很聪明，点子也多，她买来火柴棒，准备了绿豆，也自己制作各种生动直观的教具，让孩子在游戏娱乐中得到数学知识的启蒙。比如她让小家伙们比赛夹豆子或摆火柴，自然而然地引导他们认识数的关系，训练他们做题。她又常常把女儿点点的一箱子玩具搬出来，摆成一个小商店，让孩子们在买卖东西的游戏中学会加减法，学会算账。

我儿子澄澄被小杨调教了几个月，不但10以内的加减法滚瓜烂熟，10以上的进位加减也算得清清楚楚。有一次我随口问他："8+7=？"小东西掰着两只手算了几下，立刻告诉我是15，我问他怎么算的，他说："凑10呗，杨阿姨说了，先把第一个数凑成10，第二个数剩几个就是十几。"看来他不是蒙的，而是掌握了运算法则。

几个我教过的已经毕业成为小学教师的学生来家里玩，儿子让他们出题考他，往往是题目刚一说完，儿子就能准确说出答案。这些学生惊讶不已，说他比一二年级的小学生反应还要快，问我是怎么调教的？其实这全是小杨的功劳，我不止一次看到她从图书馆抱着厚厚一沓幼儿教育的书出来，她说给这三个小家伙上课可比给中师生上课累得多，要吸引住他们，实在不容易。从我儿子的表现来看，她的辛苦并没有白费。

周五、周六晚上，孩子们自然在小韩家度过。小韩是实验员，心灵手巧的那种人。当初我们商量学习内容的时候，她说她喜欢画画和手工制作，就教他们学这两项吧。儿子从小韩家回来时或者带回一幅完整的画，或者拿回一个折纸或小制作。他常常兴奋地找来材料给我演示一下是怎么做的，把我也教会了。

从小韩那里，儿子收获最大的是养成了对绘画的浓厚兴趣。他常一个人坐在小课桌边，涂涂抹抹画半天。有一天从小韩家回来，他兴致勃勃地说："妈妈，坤坤在他家开画展呢，韩阿姨把他的画都贴在墙上，你也要给我办个小画展。"

我说："好啊，你画出10幅画，妈妈也给你贴上。"儿子忙碌了一个星期，果然画出十几幅充满童真稚趣的画，我用透明胶把画贴在儿子的小房间，一有客人来，儿子就迫不及待地拉上人家去看他的小画展。现在我隔一段时间就要帮他更换一下墙上的画。

"家庭学校"已经开办一年多了，孩子们也在一点一滴地发生着变化。他们的性格开朗了，能够自己坐下来干一些感兴趣的事，在幼儿园里的表现也相当出色。

"六一"期间，坤坤被选为园中"庆六一文艺晚会"的主持人，还在绘画比赛中获得一等奖。点点和澄澄参加园中"朗诵和讲故事比赛"，结果我儿子澄澄获得朗读一等奖、讲故事比赛第二名，点点赢得了讲故事比赛第一名和朗读比赛三等奖的好成绩。他们三个还同时被选为园中小喇叭广播站的"小播音员"。这些成绩与园中老师的辛苦培育分不开，但我们三个母亲也功不可没。

"家庭学校"不仅让孩子受益，有了良好的学习成长条件，克服了独生子女常见的孤僻苦闷心理，让我们三个母亲也收获良多。首先，它逼得我们不得不翻看大量的幼教书籍，想方设法把孩子教好，这样无形之中丰富了我们的知识水平，也提高了我们的教育素养；其次，它为我们腾出了大量的可以自由支配的时间，一周中至少有 4 个晚上，我们可以随心所欲，安心做自己喜欢做的事情。

因此，我觉得有条件的家长相互合作着教育孩子，比自己辛辛苦苦的一肩担当要好得多，我们的"家庭学校"就是最好的证明。

巧用心理效应，让孩子快乐成长

　　家长在教育孩子的过程中，避免一些消极的心理效应，利用一些积极的心理效应，可以提高教育孩子的效率，让孩子在快乐中健康地成长。

　　心理效应是社会生活当中比较常见的心理现象和规律，是某种人物或事物的行为或作用，引起其他人物或事物产生相应变化的因果反应或连锁反应。家长在教育孩子的过程中，利用一些心理效应，可以提高教育孩子的效率，让孩子在快乐中健康地成长。

　　一、把握分寸，谨防"超限效应"
　　有一次，著名作家马克·吐温在教堂听牧师演讲。最初，他觉得牧师讲得很好，就准备捐款，他掏出了自己所有的钱。过了10分钟，牧师还没讲完，他就不耐烦了，决定只捐些零钱。又过了10分钟，牧师仍在讲，于是他决定一分钱也不捐了。这个故事告诉我们，刺激过多、过强或作用时间过久，会使人极不耐烦或产生逆反心理，心理学上称为"超限效应"。
　　日常生活中，很多家长为了让孩子听话、驯服，揪着孩子一点儿小错不依不饶，不厌其烦地在孩子耳旁唠叨，没完没了地折磨孩子的神经，弄得孩子疲劳厌倦，一听家长说话就恨不得捂起耳朵，或者抱着极强的逆反心态跟家长对着干，既恶化了亲子关系，也让家长得不偿失。所以，家长应该懂得言多必失的道理，尊重孩子，在跟孩子交谈时，切忌喋喋不休产生"超限效应"。力求言简意赅，心平气和，见好就收，以免招孩子厌烦，适得其反。

二、每个孩子都有闪光点——瓦拉赫效应

奥托·瓦拉赫是诺贝尔化学奖获得者，他的成功过程极富传奇色彩。瓦拉赫在开始读中学时，父母为他选择了一条文学之路，不料一学期下来，教师为他写下了这样的评语："瓦拉赫很用功。但过分拘泥，难以造就文学之材。"此后，父母又让他改学油画，可瓦拉赫既不善于构图，又不会润色，成绩全班倒数第一。面对如此"笨拙"的学生，绝大部分老师认为他成才无望，只有化学老师认为他做事一丝不苟，具备做好化学实验的素质，建议他学化学。这下瓦拉赫智慧的火花一下子被点燃了，终于获得了成功。后人称这种现象为"瓦拉赫效应"。

瓦拉赫效应提醒各位家长，每个孩子身上都蕴含着巨大的发展潜能，都有智慧的强点和弱点，当孩子在学习和发展的过程中，某一方面处于劣势时，不是孩子不好，而是他的长处还没有被充分挖掘出来。家长要做的不是忙着打击伤害孩子，而是静下心来观察，用心跟孩子交流，和孩子一道寻找出智慧的最佳点，创造条件，推动孩子的发展。

三、说你行，你就行——皮格马利翁效应

1968年，美国著名心理学家罗森塔尔和雅各布森来到一所小学，对1～6年级的儿童进行智力测验，然后在每班中挑选出平时受教师歧视的贫穷家庭背景的儿童；挑选的名单不是依据智商，而是随机抽取。然后以权威性的谎言暗示教师，这些儿童经鉴定在心理上是"正要开放的花朵，他们在学习上具有猛进的潜力"。从而调动了教师对那份名单里的学生的期待心理，偏爱感情。

结果一学期以后，一年以后，先后几次的智商测验，这些学生的智商比其他儿童进步快得多，成绩明显提高。教师给他们的评语也很好，实验取得了奇迹般的效应。罗森塔尔在结论里指出：由于教师真的以为这些儿童是特殊儿童，不知不觉地便给予特别注意，以更为友善的态度亲近他们，以更多时间关注他们的学习，由此，对这些儿童产生了激励作用，其结果便是他们沿着教师的期望方向不断进步。借用希腊神话中出现的主人公的名字，罗森塔尔把它命名为皮格马利翁效应。

皮格马利翁效应反映的是期望心理中的共鸣现象。人们常用"说你行，你就行！说你不行，你就不行"这句话来描述这种效应对人的发展的影响，积极的期望促使人们向好的方向发展，消极的期望则使人向坏的方向跌落。把这种效应运用到家长教育孩子中去，要求家长能够发自内心地赏识和肯定自己的孩子，坚信自己的孩子"行"。

周弘先生创造的"赏识教育法"成功地将双耳失聪的女儿周婷婷培养成一名留美研究生。用这种教育理念，他造就了女儿快乐和谐的人格，还把一批聋童培养成周婷婷式的早慧儿童。而心理学家对犯罪少年的研究表明，许多孩子成为少年犯的原因之一，就在于不良期望的影响。他们因为在小时候偶尔犯过的错误而被自己、家人或老师贴上了"不良少年"的标签，这种消极的期望引导着孩子们，使他们也越来越相信自己就是"不良少年"，最终走向犯罪的深渊。

家长应该懂得：人类本性中最深刻的渴求就是赞美！坚信自己的孩子行，通过恰如其分、行之有效的赏识、赞美和鼓励，最大限度地激发孩子的潜能，才能使孩子快乐健康地成长。